文旅融合下公共图书馆研究

吴觉妮 著

吉林摄影出版社
·长春·

图书在版编目（CIP）数据

文旅融合下公共图书馆研究 / 吴觉妮著. — 长春：吉林摄影出版社，2023.12

ISBN 978-7-5498-6105-7

Ⅰ. ①文… Ⅱ. ①吴… Ⅲ. ①公共图书馆—图书馆服务—研究 Ⅳ. ①G258.2

中国国家版本馆CIP数据核字（2023）第256271号

文旅融合下公共图书馆研究
WENLÜRONGHE XIA GONGGONG TUSHUGUAN YANJIU

著　　者	吴觉妮
出 版 人	车　强
责任编辑	李　彬　樊　华
封面设计	文　亮
开　　本	787毫米×1092毫米　1/16
字　　数	220千字
印　　张	10.25
版　　次	2023年12月第1版
印　　次	2023年12月第1次印刷
出　　版	吉林摄影出版社
发　　行	吉林摄影出版社
地　　址	长春市净月高新技术开发区福祉大路5788号　邮编：130118
网　　址	www.jlsycbs.net
电　　话	总编办：0431-81629821　发行科：0431-81629829
印　　刷	河北创联印刷有限公司
书　　号	ISBN 978-7-5498-6105-7　　定　价：76.00元

版权所有　　侵权必究

前　言

　　近年来我国公共图书馆文旅融合的理论和实践研究也成了图书馆界的热门话题，图书馆文旅融合的途径主要包括：在旅游景点和民宿区设立图书馆、分馆或服务点，在宾馆酒店、地铁车站建图书流通点，开展研学旅游，文创产品开发，图书馆自身作为旅游景点吸引游客，进行地方旅游文化宣传等。所有这些举措，对图书馆拓展阅读推广的形式、空间和读者对象都起到了很好的效果，解决了更多读者的阅读需求，也起到了一定的以文促旅的作用。但我们需要对文旅融合的意义做更深层的思索：文旅融合体现了新时期观念创新、服务创新的思路，体现了行业和部门之间相互合作、相互融合的必然趋势。公共图书馆文旅融合的途径也不应仅仅局限在如何利用旅游业来进行阅读推广上，而应在管理理念、服务技术和方法上进行创新，加强与图书馆间的交流合作，加强图书馆与各行各业机构和个人的合作，注重开放、合作、交流、创新，建设真正以人为本，一切以读者阅读需求为导向的现代化图书馆。

　　现阶段，我国公共图书馆已经不再是单纯进行文献借阅的场所，而是教育、文化和信息中心，也是向社会大众和机关企事业单位提供咨询和决策参考的专业机构。公共图书馆的不断转型发展，必将使图书馆成为社会大众学习和生活中不可或缺的重要机构。在文旅融合背景下，积极开发、推广自身的旅游功能，实现与旅游的融合，已成为公共图书馆的职业使命。

　　笔者在撰写本书的过程中，借鉴了许多专家和学者的研究成果，在此表示衷心感谢。本书研究的课题涉及的内容十分宽泛，尽管笔者在写作过程中力求完美，但仍难免存在疏漏，恳请各位专家批评指正。

目 录

第一章 公共图书馆建设研究 ... 1
- 第一节 公共图书馆的管理与建设 ... 1
- 第二节 公共图书馆知识共享服务模式的构建 ... 18
- 第三节 网络环境下图书馆读者服务工作的完善 ... 26

第二章 公共图书馆服务的研究 ... 29
- 第一节 图书馆服务的概念 ... 29
- 第二节 图书馆服务的对象及其需求 ... 32
- 第三节 图书馆服务的内容 ... 36
- 第四节 图书馆服务的原则 ... 38

第三章 文化消费与文化创意 ... 46
- 第一节 文化商品的价值 ... 46
- 第二节 文化消费 ... 48
- 第三节 文化创意相关概念 ... 52

第四章 文旅融合中的公共图书馆探究 ... 58
- 第一节 文旅融合的背景 ... 58
- 第二节 文旅融合的内涵 ... 61
- 第三节 文旅融合的理论基础 ... 68
- 第四节 文旅融合的政策基础 ... 73
- 第五节 文旅融合的发展路径 ... 76
- 第六节 公共图书馆文旅融合的理论探究 ... 78

第五章 公共图书馆文旅融合的理论与实践 ... 82
- 第一节 国内外公共图书馆文旅融合的理论与实践探索 ... 82
- 第二节 公共图书馆文旅融合案例 ... 99
- 第三节 公共图书馆文旅融合的现实意义 ... 104

第六章　文旅融合环境下公共图书馆"以人为本"的理念·············109
 第一节　"以人为本"的图书馆空间与文献保障·············109
 第二节　"以人为本"的文献借阅服务·············115
 第三节　"以人为本"的读者服务·············120

第七章　文旅融合下图书馆文化创意工作·············129
 第一节　图书馆文创产品开发路径·············129
 第二节　图书馆文创开发合作模式·············137
 第三节　图书馆文创工作的内部管理·············140
 第四节　图书馆文创产品营销管理·············143
 第五节　文创工作的政策支持与产权风险归避·············147

第八章　公共图书馆文旅融合发展创新研究·············151
 第一节　我国公共图书馆文旅融合服务取得的成就·············151
 第二节　我国公共图书馆文旅融合服务发展策略·············152
 第三节　对公共图书馆文旅深度融合的思考·············156

参考文献·············160

第一章　公共图书馆建设研究

第一节　公共图书馆的管理与建设

如今是信息时代，网络技术发展越来越迅速，在新时代下，公共图书馆更需要把握机会、迎接挑战，顺应潮流、引导读者，做好建设和管理。

一、公共图书馆的优势分析

（1）文献资源方面的优势

公共图书馆的最大优势是其取之不尽、用之不竭的文献信息资源。图书馆的社会职能之一是保存文化遗产。经过多年的积累，图书馆资源已由单一的印刷型向印刷型、声像型、电子型等多媒体并存的方向发展，形成一个全方位多功能的信息保障体系，并以新的资源优势服务于社会。

（2）信息技术方面的优势

公共图书馆具有较为成熟的信息分类、检索技术，结合现代的计算机检索、超文本链接及多媒体检索等新兴信息技术，图书馆将开发出适应互联网环境的高效搜索工具，在未来的信息社会中发挥更大的作用。

（3）人力资源方面的优势

公共图书馆拥有一支稳定的、庞大的具有信息开发能力的工作人员队伍，他们拥有丰富的图书馆的发展工作经验，为图书馆的发展做出了不可否认的贡献。

（4）设备方面的优势

近年来，公共图书馆的自动化建设已取得了一定成绩，各馆一般都具有基本的信息处理设备，发展较好的馆已实现了各工作环节的自动化，数字图书馆、图书馆网络正在建设之中，大型图书馆还能获得强有力的国家资助去引进各类先进的信息技术设备。

（5）服务公众阅读方面的优势

与高校图书馆、专业图书馆、中小学图书馆及私人图书馆相比，公共图书馆的门槛更低，文献资源种类更加丰富，更有利于满足公众的阅读需求。公共图书馆就是以满足公众的阅读需求为基本原则，满足公众的阅读权利，公共图书馆可以给读者提供良好的阅读环境和个性化的服务。公共图书馆还有良好的阅读指导服务，有利于培养公众的阅读习惯，调动公众的阅读积极性，培育公众进行深度阅读的能力，解决公众在阅读过程中遇到的各种障碍。同时，公共图书馆坚持全面免费开放，有利于更好地推动全民阅读。

在信息化服务方面，如今我国公共图书馆的阅读资源建设正在快速发展，公共图书馆在资源不断增加的同时，也从传统的纸质服务向信息化服务、数字化服务甚至是智能化服务发展，更好地满足了公众的文化需求。在信息技术高速发展的当下，公共图书馆一方面加强自身资源的建设，另一方面强化公共图书馆之间的互通，并提供丰富的数字资源和信息服务，实现资源的充分利用。在个性化服务方面，当前，公共图书馆也在向满足用户个性化需求的方向发展。现代公共图书馆可以根据用户的兴趣需求，实现个性化的智慧推送，从而满足公众的阅读需求。

二、公共图书馆管理的内涵、意义与模式

（一）公共图书馆管理的内涵

图书馆管理是通过计划、组织、指挥、协调、控制等行动，最合理地使用图书馆的人力、财力、信息资源和物质资源，使之发挥最大作用，以达到图书馆预期的目标，完成图书馆任务的过程。一般可分为从事计划决策的决策层次、从事具体计划与控制

的中坚管理层次和从事计划的执行监督的基层管理层次。其对象是由人、藏书、建筑设备、经费等要素构成的图书馆系统。根据不同的具体对象，又可分为人事管理、藏书管理、设备管理、财务管理等各类管理。

图书馆管理的范围是由其对象确定的，它包括了管理对象的各个层次，即部门系统、单个图书馆系统、行业图书馆系统、国家图书馆系统等；同时包括了图书馆的各项工作、各系统图书馆事业的建设和图书馆网。图书馆管理的目的是使被管理系统的功效最大程度地满足社会大系统的需求。图书馆管理的方法主要可分为行政、经济和法律三类；其手段和工具主要有组织机构、图书馆政策、法令和规章制度、管理人员、信息等。

概括地说，现代图书馆管理的对象就是图书馆系统。图书馆管理包括微观管理和宏观管理两个部分。微观管理是对个体图书馆的管理，宏观管理则是对社会图书馆事业体系的管理。

衡量满足图书馆目标的绩效尺度是其所服务对象的满意程度。读者是图书馆服务的对象，对于成功的图书馆管理需要注重的是读者的满意程度。一个图书馆不论是否处在高度竞争的环境中，其关注的焦点都应当是读者的满意度。因此，图书馆管理为达到使读者满意的目的，将人力资源、财力资源、信息资源和物质资源引入动态图书馆中。

（二）公共图书馆管理的意义

1.公共图书馆管理是图书馆发展的需要

一个公共图书馆少则几十人，多达数百人甚至上千人，其工作内容复杂，程序繁多。面对这样一个系统工作，需要将它的工作环节的每一个单元环节、物资设备和工作人员按照一定的组织法则有序地装配在一个系统的链条上，加以调节，合理运作，统一指挥；否则，图书馆无法达成其方针任务。

随着人类社会的进步和科学文化的发展，公共图书馆的数量不断增多，类型不断增加，同用户的联系更加广泛。这说明公共图书馆已不是孤立的单个的存在，而是一个社会化的有机整体，因此，需要通过管理，密切图书馆与图书馆之间、图书馆与用户之间的联系。公共图书馆事业是由各种不同类型的图书馆组成的。要使具有全国规模的图书馆事业布局合理，使之协调而又有计划地发展，必须对全国公共图书馆事业实行科学有效的管理，以便把丰富的文献信息资源当作全社会的共同财富，高效地加以开发和利用。

2. 公共图书馆管理是信息服务和用户需求的需要

科学技术的快速发展、世界文献量的急剧增加、信息污染日益严重，给承担文献信息收集整理社会职能的公共图书馆提出了更高的要求：一方面要对数量庞大、内容复杂、载体多样的文献信息进行准确采选、迅速加工、科学管理；另一方面要采用各种方式和途径，迅速、准确地将知识信息提供给需求多样的不同用户。为此，应对公共图书馆工作进行合理的安排，对馆员进行不断的培训，对社会信息资源和社会需求进行调研和预测，对用户进行大量的组织工作，就是公共图书馆管理所肩负的重任。

3. 公共图书馆管理是图书馆现代化的基础

随着信息技术的迅速发展和在公共图书馆中的广泛应用，现代公共图书馆的主要特点为馆藏多样化、工作标准化、技术自动化、储存数字化、服务网络化、组织管理科学化等。计算机等现代技术装备和应用要靠严密的组织、规范化的操作程序和严谨的组织体系才能正常运行，充分发挥其作用。由此可见，科学管理不仅是现代化的重要内容和条件，而且是实现公共图书馆现代化的基本保证。

（三）公共图书馆管理的模式

1. 积分制管理模式

读者积分制就是用户注册时系统赋予每位用户相同的积分，并设置不同的用户等级，该积分制里用户会付出积分，也会获得积分。用户可以采取回答问题等形式，获取更多积分，随着积分增加而晋级并获得更高的头衔；用户提问时或用户违反规章制度时，积分也将被扣除一定分值，随着积分减少用户等级亦会下降。简言之，读者积分制就是利用积分的增加、等级的升迁，调动用户参与知识库的建设，利用积分的减少、等级的下降，防范用户的阅读行为。

读者积分制的特点可以归纳为：①强调公平原则，用户注册时系统赋予每位用户相同的积分；②采用积极的管理手段，用户的等级并不是一成不变的，用户可通过自身努力改变身份等级；③采用非经济手段防范用户的违章行为。

积分制目前在许多领域已经得到普遍推广，图书馆可以借鉴其他行业的成功经验，将其引入图书馆的读者管理当中，用以代替现行的读者管理制度，从而体现图书馆"人人平等"的基本精神，规避当前规章制度中的某些惩罚性的条款所遭遇尴尬与困顿，并充分发挥图书馆的教育职能，使图书馆成为宣传信用、学习信用、培育信用、实践信用的场所。

2."藏、借、阅、咨"一体化管理模式

图书馆"藏、借、阅、咨"一体化是将文献资料的收藏、外借、阅览和复印、咨询有机地融为一体的开架服务模式，它是"以人为本"的理念在图书馆读者服务工作中的具体实践。这种服务模式改变了过去以文献为中心的管理方式，强调藏以致用的原则，方便了读者，提高了藏书利用率，使图书馆的读者服务工作进入以读者需求为调节手段的运行机制。同时，它也存在一些问题，需要我们在实践中不断探索、解决。要使"藏、借、阅、咨"一体化服务达到应有效果，要求在硬件设施和软件环境上具备一定的条件。实行"藏、借、阅、咨"一体化管理应具备的条件如下。

（1）具有与之配套的图书馆建筑环境

"藏、借、阅、咨"一体化管理模式要求馆舍要顺应现代化图书馆大开间、大阅览、"藏、借、阅、咨"合一的要求，在整体结构和布局的设计上体现图书馆的开放性与灵活性，即在建筑布局上将整个图书馆划分为若干个大开间文献中心。文献组织特点是"藏、借、阅、咨"合而为一，同学科、同专业的文献资料尽量集中，全方位开架服务。读者可以在中心内随意浏览和自由抽取图书，所需要的文献资料可就地阅览、复印或借出。它的目的是让读者充分接触图书馆藏书，使各种服务综合化，真正实现全方位的服务理念。目前我国许多图书馆在建筑模式上多采用国外先进的"模数式"设计思想，即按一定的模数式原则进行设计，它具有较大的空间，统一柱网、层高和荷载能力，采用轻质隔墙，布局可以灵活变化，组成不同的空间。这种设计为图书馆实现藏借阅一体化服务提供了灵活多变的有效空间，更有利于管理服务和今后的扩展服务。

（2）以现代技术条件为基础

"藏、借、阅、咨"一体化服务要达到最佳效果，必须依托先进的现代技术，特别是强大的计算机管理系统和操作性较强的安全保障系统。良好的自动化系统具备完善的服务功能，可在网络环境下使读者服务功能得到进一步扩展和提升。门禁系统和监测仅在保护馆藏文献方面起了积极作用，为图书馆开展一体化全升级服务消除了后顾之忧。而馆内分布的检索终端别为读者在查询、预约、续借文献方面提供了及时的服务。同时，多媒体阅览区又可使读者在浏览视频、音频资料的同时对照使用印刷型书刊，为图书馆开展全方位的视听服务提供了有利条件。

（3）有相对完善的规章制度与高素质的管理队伍

"藏、借、阅、咨"一体化的最大特点在于它的开放性，大开放、大开间的服务模式虽然大大方便了读者，但也带来了一些问题，如图书损坏严重、管理难度加大等，这些都要求图书馆有相对完善并行之有效的规章制度做保障。这些制度一般应包括工作人员守则、岗位职责的分工、量化管理指标、业务管理制度、读者借阅规则、多媒体阅览室守则、图书丢失赔偿和违规处理制度等。

在完善规章制度的同时，图书馆也应加强对图书馆馆员的继续教育，培养高素质的管理队伍。只有在服务意识、业务水平及专长技能等方面都跟上时代步伐，才能在网络环境下的国书馆"藏、借、阅、咨"一体化服务中，胜任管理服务这一重要角色。

3. 图书馆联盟服务管理模式

任何一个公共图书馆都不可能利用自身拥有的文献资源完全满足用户的全部需要，产生资源共建共享、利益互惠的公共图书馆合作群体是必然发展趋势，并逐渐发展为图书馆联盟服务。各种类型的多个图书馆相互之间的合作和图书馆资源共建共享的联盟服务，其服务力量远远超越任何一个独立图书馆。随着科学技术的不断进步和网络环境的飞速发展，移动网络成为网络发展主体，移动图书馆联盟模式也必然成为未来发展的主体模式。

图书馆联盟服务管理模式的内容如下。

（1）馆际互借与文献传递

馆际互借服务分为用户自行借阅和图书馆代借。用户自行借阅是指联盟成员馆的读者凭有效证件，自行到成员馆借阅文献；图书馆代借是指读者通过馆际互借中心网站申请，由本校图书馆代为借阅文献的服务。文献传递服务是公共图书馆工作人员根据用户需求，通过传真、复印邮寄或 E-mail（电子邮件）电子文本等形式，为读者提供本馆文献或获取其他图书馆的文献原文的服务。

（2）统一检索

图书馆联盟提供了基于异构系统的资源跨库统一检索服务，用户可按学科、数据库名称、文种等方式同时检索多个系统中的多种资源，包括数据库、电子期刊和电子图书，并得到详细记录和全文下载，也可选择单个数据库进行具体资源的检索。

（3）参考咨询

在联盟内网络平台上，运用各联盟成员的专家及学科专门知识而进行的问答式服务。通常采用实时咨询和非实时咨询相结合的方式，实时咨询是咨询馆员在线与读者进行实时交流，非实时咨询是用户在咨询系统内以表单的方式填写咨询内容等待馆员的咨询回复。

（4）定题服务与代查代检

定题服务与代查代检是联盟根据用户的特定需求而开展的全程文献检索服务，提供的是针对性较强、专指度较高的信息服务。代查代检服务是联盟根据用户具体要求，依据用户描述的课题或特定需求的主题词、关键词作为检索入口，从开题立项到成果验收全程开展的文献检索服务。

（5）科技查新

科技查新指通过计算机检索和手工检索等途径，运用综合分析和对比方法，为读者的科研立项、成果鉴定等提供事实依据的一种信息咨询工作。

（6）网上培训

网上培训分为馆员培训和用户培训，馆员培训是为提高联盟成员馆从业人员的专业技能和服务水平而进行的在职培训，用户培训是为了让用户了解可获取信息服务的类型和实现方法而进行的联盟服务项目培训。

（7）个性化服务

个性化服务是用户可自主设定所跟踪的学科领域中的专题，自动获取联盟中心最新相关专题信息，可直接调取相关内容或者联盟信息专家根据用户个性化需求主动推送或提供个体专题信息的服务。

（8）科技评估

科技评估是指由科技评估机构根据委托方明确的目的，遵循一定的原则、程序和标准，运用科学、可行的方法对科技政策、科技计划、科技项目、科技成果、科技发展领域、科技机构、科技人员以及与科技活动有关的行为所进行的专业化咨询和评判活动。

4.数字电视图书馆管理模式

数字电视又称数位电视或数码电视，是指从演播室到发射、传输、接收的所有环节都使用数字电视信号，或该系统所有的信号传播都是通过由0、1数字中所构成的二进制数字流来传播的电视类型。数字电视是一个从节目采集、节目制作、节目传输到用户端都以数字方式处理信号的端到端的系统。

数字电视图书馆是利用数字电视的交互功能，开发相应的接口，将数字图书馆与数字电视连接起来，结合数字电视传播技术和数字信息技术，以专业服务频道的形式把公共图书馆的资源和服务主动提供给用户，让观众能以新的方式观看和利用电视节目内容，就可享受到丰富的数字化图书馆服务。目前公共图书馆主要通过交互式数字电视、IPTV（交互式网络电视）和互联网电视三种业务形式进行数字电视业务的拓展，它借助数字电视网络把图书馆搬到千家万户，通过数字电视这一载体，使读者（用户）随时随地阅读、观看图书馆提供的相关信息、资源，成为用户按需索取的公共图书馆，成为通过电视荧屏就能免费享受图书馆提供的文献信息等服务的名副其实的家庭图书馆。数字电视图书馆将丰富的馆藏资源同先进的传输手段结合，充分运用电视网络资源，为用户提供OPAC（联机公共目录查询系统）查询、图书预约续借、看展览、听讲座、接受远程教育、进行参考咨询与互动等服务，实现公共图书馆的功能拓展和服务延伸，进而为用户带来不一样的阅读体验，最大限度地满足人民群众的精神文化需求。

在新媒体环境下，公共图书馆服务的创新手段——数字电视图书馆，已经作为文化和旅游部、财政部实施的"数字图书馆推广工程"国家数字图书馆资源建设重点中"基于新媒体服务的资源建设"的重要组成部分。随着推广工程的深入开展，各地公共图书馆在硬件配置、技术平台和资源建设方面取得了长足发展，同时带动了国家数字图书馆服务形式的全面创新，越来越多的省、地市和县级公共图书馆加入数字电视图书馆建设中来。数字电视图书馆是公共图书馆为读者（用户）提供到馆服务、互联网服务、手机服务以外的又一种新型服务载体，是现代图书馆延伸服务的新模式；是公共图书馆为读者提供多元化服务的新载体，是保障公共文化服务公益性、基本性、均等性、便利性的有效举措，是现代图书馆实现自身进一步发展的新方式。

三、优化公共图书馆管理与建设的策略

（一）加强复合图书馆的管理与建设

复合图书馆是未来图书馆的发展方向，它突破了传统意义上的图书馆概念，它的实现需要各类图书馆在各方面的配合。复合图书馆无论在宏观管理、文献资源建设、组织结构、服务内容与方式、人力资源管理、经费管理、设备维护还是领导方式等方面，都与以往的图书馆有所不同。

1. 复合图书馆的宏观管理

未来的图书馆将积极发展图书馆馆际合作，实现真正意义上的资源共享。各个图书馆之间需要加强沟通协调，国家的宏观管理必不可少；但与以往的宏观管理不同，国家的宏观管理将重点落实在协调和服务上。为促进公共图书馆的网络化发展，国家可以成立专门的图书信协作网络建设管理委员会，全面负责公共图书馆协作网络化的规划、组织、协调、监督和管理工作，加强政策导向，实施投资倾斜；重点建设一批分工明确、布局合理、能够充分体现我国特色的超大规模的电子信息资源中心；谨慎选择适用技术，积极开发网络应用软件，并不断促进其更新换代，采用标准化技术，与国际信息网络接轨。只有国家给以充分的重视，公共图书馆协作网络化建设的健康发展才能得到保证，才能避免各自为政、重复建设的现象。

2. 复合图书馆的业务流程

传统图书馆的业务流程是从图书馆自身的工作出发的，按照分工理论，将图书馆的业务工作划归不同的部门。一本书从入馆到与读者见面，要经过采购、登记、查重、分类、编目、上架等几十道工序，每道工序又划归不同的部门，部门之间协调困难，工作效率低，浪费了大量的时间。复合图书馆将充分采用现代信息技术，要求现代信息技术发挥最大的效能，提高工作效率，为用户节省时间。而传统图书馆落后的业务流程降低了现代信息技术的工作效率，计算机、网络往往只是一种摆设，或者只发挥了一小部分功能，就好似一辆用马拉的小轿车，根本跑不快。因此，复合图书馆的建设需要对传统图书馆的业务流程进行重组，裁减不需要的部门，将业务流程重新组合在一起。如从原先以部门为基本单位变为以工作小组为基本单位，每一小组全权负责一个主题之下的文献采购、登记、分类、编目等工作，这样，就可以减少部门之间的摩擦。通过利用信息网络传递信息，就可以避免重复信息生产，提高工作效率。

3. 复合图书馆的组织结构

传统图书馆的组织结构是按职能划分部门，分层分级，形成一种金字塔式的组织结构，复合图书馆把用户放在第一位，从用户的角度出发，设计组织结构。经过业务流程再造之后，图书馆的结构层次减少，向扁平化方向发展。组织层次减少与决策层次下移总是联系在一起的，决策层次下移，管理人员的传统职能削弱，管理人员数量也相应减少，最终管理层次势必减少，真正实现集权与分权有机结合起来，使公共图书馆整体管理更合理、更有效率。

4. 复合图书馆的文献资源建设

复合图书馆文献资源建设概念应深化、扩展为信息资源建设。在馆际互借与资源共享的前提下，利用有限的经费购买重要和适用的印刷本图书、期刊等传统文献；利用网上信息，建设虚拟馆藏，加强网上电子期刊的订购、管理；注重新型媒体文献的入藏工作，包括目前以微主导存储技术的各类型光盘文献、数据库、音像制品、教学软件、游戏软件以及今后将出现的以DVD（数字视频光盘）等为主导技术的光盘信息产品；强化各类型数据库建设，有选择地将传统馆藏文献转化为电子出版物，大力加强馆际协作，加强全国性的文献资源保障体系建设工作。在此基础上，复合图书馆的信息资源建设还要突出本馆特色。

5.复合图书馆的人力资源管理

复合图书馆对图书馆馆员提出了更高的要求，他们不仅要有图书馆学、情报学及其他专业的知识，而且还要有数据库的管理能力，网络环境下的信息搜集、处理能力，信息检索工具的生成能力，网络信息的利用能力，计算机操作能力以及人际交往的能力，还需具有开放观念、服务观念、用户观念、经济观念、效益观念、资源共享等观念。同时，经过业务流程再造的复合图书馆不再是一个人只做一种工作，有可能一个馆员会参与整个的业务流程，每一位员工将被赋予更大的自主权，因此，复合图书馆的人力资源管理与以往相比有很大变化。工作人员原先在上岗前只要经过简单培训便可胜任高度专业化的工作，现在工作性质发生变化，简单培训已不足以解决问题，需要全面的教育。工作人员不仅要会做复杂的工作，而且要有成熟的判断力，要有更多自主权，可以在各自的工作范围内做出与工作相关的各种决定。

6.复合图书馆的组织文化

组织文化主要指组织的指导思想、经营理念和工作作风，包括价值观念、行为准则、道德规范、文化传统、风俗习惯、典礼仪式、管理制度以及组织形象的总和。复合图书馆的建设需要对传统图书馆做出较大的变革，改革的成功需要全体员工的积极配合。组织文化从整体上描述了组织成员共享的价值观、思想意识。图书馆如果自身具有很强的文化特色，将会激发工作人员的热情，统一全体员工的意志，为复合图书馆建设提供原始动力。

（二）优化公共图书馆数字信息资源的建设

1.数字信息资源建设的注意要点

（1）对资源建设的认识问题

数字图书馆的"物质"基础、核心和根本内涵是拥有大量的有组织的数字化信息资源，因此数字图书馆必须有一定规模的信息资源。数字图书馆是实用系统，是建设的过程，它是永不终止的。所以，信息资源建设是数字图书馆建设的核心内容，我们应把信息资源建设作为数字图书馆建设的重中之重，绝不能忽视。

（2）资源建设的侧重点问题

图书馆的信息资源不能完全依赖外部，必须要有自己的特色。只有特色数据库才会受欢迎，只有提供特色数据库的数字图书馆才会有生命力。因为特色数据库资源一般都以特定的行业、地域和主题为基本内容，它具有独创性和排他性，可充分满足用户的个性化、专业化的要求；而各图书馆通过特色数据库的建设，不仅可突出自己图书馆的特色和科研方向，为教学科研提供高效率、高层次的信息服务，而且可以凭借自己拥有的特色数据库资源，在激烈的资源建设竞争中取得自己的一席之地，拓展生存空间。

（3）资源建设的质量控制问题

信息资源的生命力主要在于能够提供服务的信息资源的数量和质量，因为质量直接影响着信息资源共享的有效性和可实现性，所以质量更为重要。光扩充数量，仅仅以占有信息资源为目的，没有合理的分类体系、不进行严格的编目控制和缺乏质量控制的信息资源建设，分散无序的海量信息只会给利用者带来困扰和烦恼。

（4）资源建设的技术及安全问题

在信息资源建设工作中，起主导作用的应该是对信息资源的收集、加工、组织和处理等业务工作熟悉和擅长的图书馆管理人员。信息资源建设必须以业务为主，而不是以技术为主，因为随着现代科学技术的发展，很多成型的产品已经出现，尤其是软件系统很多技术都是通用的，数字图书馆的需求也是一样的，只要在一个单位成功，就可以向其他单位进行推广。因此，在实际工作中，各图书馆应加强交流沟通，重视成功应用案例的推广。

由于数字资源基于网络而存在，因此，网络安全将是一个非常重要的问题。选择完善成熟的软件产品做数字平台的安全监控，是建设数字信息资源的前提。

2. 公共图书馆数字信息资源建设的对策探讨

（1）协调采购，减少重复建设

公共图书馆购置商业数据库应以用户需求为导向，根据本地的地区特色，结合专业特色、高校重点学科发展方向进行合理布局，处理好共性资源与个性资源的关系，使各馆之间相互协调，减少不必要的重复。在数据库试用阶段，加强宣传，收集数据，通过成本收益分析、用户评价、引文分析等方法建立科学的评价指标体系，合理引进高质量和高利用率的数据库，使图书馆在某些学科品种、数量、质量以及连续性和完整性等方面达到较高水平。对各馆都需要的数据库，应发挥联合采购优势，降低购买费用。对访问量较大的数据库可采用集体购买、各成员馆分别建立镜像站点的方式提高访问速度。

（2）建设学科资源导航

由于网络资源具有海量信息、使用便捷、更新及时、没有时空限制的优点，越来越多的科研人员认识到其价值，在专题研究中，他们期望获得专业性较强的适合高校重点学科、科研基地发展的专、深、精的专题特色资源，特别是经典及前沿性的数字资源。网络免费学术资源类型多样，包括电子期刊、电子图书、数据库、门户网站、个人主页、博客等；获取途径多样，可以通过搜索引擎、RSS（聚合内容）技术、网上电子期刊目录、免费文献数据库等。高校图书馆应结合本校重点学科、特色专业，整合网络免费学术资源，以学科为单元建立分类目录式资源组织体系，将收集到的资源按学科类别进行归类并建立索引，构建全文或多媒体数据库。

（3）加强数字化技术和标准建设，共建共享特色资源

公共图书馆由于用户需求层次差异，在馆藏资源内容、种类方面必然会有一定差异。网络环境下，特色是文献资源建设的生命，图书馆在数字化过程中，应依托自身的特色馆藏，利用网络技术，成立数字化加工部门，配备精干人员，制定数据加工规范和文献标引著录规则，加强馆际合作，联合建设数据库。在特色和专题数据库的建设中应有一定的广度和深度，除了做好现有馆藏资源的整理和数字化工作，还要搜集、整理相关的文献，做好数据录入工作，严格根据标引细则进行标引，及时更新，提供多种检索途径，提高自建数字资源质量。

（4）加强数字资源版权管理

一方面，随着数字化内涵和外延的扩大，涉及版权纠纷的问题日益凸显。图书馆

首先要确保购买拥有合法版权的数字产品，同时考虑资源的合理合法使用，自建资源要想办法解决版权问题，保障信息资源共享与知识产权保护之间的平衡，在遵守相关法律和尊重知识产权的前提下实施资源建设和使用。另一方面，数字资源虽然在存储、处理、使用等方面具有无可比拟的优势，但是，数字化的信息目前也存在诸多技术弱点，导致任何获得信息的人都可以不受约束地通过信息的再生产获得利益。因此，数字资源建设需要研究用于数字化信息内容保护、通信保护及密钥保护等的技术。

（5）注重人才队伍建设，加强用户培训

作为图书馆各项工作中最活跃的、起决定作用的图书馆馆员，必须及时补充、更新、提高自身的知识水平和技能，以适应日新月异的图书馆事业发展的需要，成为现代图书馆的复合型人才。数字图书馆馆员必须具备辨识、选择与取得不同信息资源的能力，需要对数字资源市场及代理商的动态有所了解，需要对硬件、软件及网络通信等技术问题有更多的掌握。图书馆应提供相关的在职培训，并鼓励馆员不断进修学习，培养一支具备扎实专业知识、掌握现代信息技术、具备广博文化知识和学习能力的高素质人才队伍。

随着数字图书馆建设进程的日益加快，公共图书馆、高校图书馆在数字图书馆资源建设中虽然都取得了一定的成绩，但受物质、环境、信息、人才等方面因素的影响，数字图书馆发展缓慢甚至停滞不前。所以，要进一步强化数字图书馆资源建设，充分发挥数字图书馆资源的导向作用，大力创新和开发数字图书馆资源，努力提高数字图书馆资源的利用率和创新性，准确把握数字图书馆资源建设方向，不断增强资源共建共享的力度，才能满足广大群众对数字图书馆提出的各方面服务需求。

（三）完善公共图书馆智慧服务

1.基于多时间、多空间的图书馆服务途径

多时间、多空间的图书馆服务是现代图书馆的基本服务形式，也是智慧图书馆的基本内涵要求之一。智慧图书馆除为用户提供基于传统的物理图书馆建筑进行的基本书籍借阅等服务外，还能提供延伸空间与时间的服务。"三网融合"也为这种延伸提供了便捷支持条件。利用网络、电视、新媒体享受基本的图书馆服务不再是难题，网络图书馆、手机图书馆、24小时自助智能图书馆保证了全天候的多时间服务。智龄图书馆在多时间、多空间的服务途径构建中，一方面需以实体的物理图书馆为阵地，增加以阅读活动、信息服务等为主要内容/主题的活动；另一方面需增加手机图书馆、网络数字图书馆、24小时自助图书馆等服务平台，延伸和丰富图书馆的服务载体，使用户在任何时间（包括白天、晚上、节假日）、任何地点（如办公室、家里、地铁）都可以通过图书馆实现信息的获取与利用。可喜的是，目前，我国越来越多的图书馆建设了网络图书馆、数字图书馆和手机图书馆。随着社会生活节奏的加快及信息价值的进一步显现，企业也敏锐地觉察到了民众信息需求的迫切性，开展了诸多的图书借阅服务，如中信出版社所推出的"云端图书馆"。这些方式新颖、服务贴合实际、创建主体多元的服务方式也都进一步阐释了智慧图书馆的多时间、多空间服务内涵特征。

2. 基于以人为本的图书馆服务途径

以人为本是智慧图书馆的另一大主要内涵，特别是随着近年来信息技术的发展及应用，越来越多的图书馆注重技术在服务与建设中的实践，提高了图书馆的服务水平和效率，但在具体的发展中，很容易走入重视现代生活元素而忽视传统人文特色的歧途，如在馆舍建设、资源构建方面走铺张浪费道路，重馆舍面积及馆藏数量而轻服务等，导致图书馆社会文化传播、研究、储存的本职功能未能真正发挥该有的作用。智慧图书馆在以人为本的服务途径建设中，应重视原有的传统服务优势，充分发挥馆员及馆藏优势，开展如特色馆藏服务、学科服务、信息咨询服务、数据挖掘等通过人和信息相互结合而发挥作用的嵌入式、专业化服务，使图书馆真正成为社会知识组织、研究与服务的中心。

3. 基于高度智能的图书馆服务途径

智慧图书馆强调图书馆的高度智能与智慧管理。在高度智能方面，信息技术及系统的发展促使管理系统广泛应用于图书馆的资源、人力、财务管理等各个领域，在智慧管理方面，图书馆管理者既需重视文献资源的收藏、研究与利用及客户知识的挖掘、组织与服务，也需重视图书馆在社会文化建设中的社会责任，既需重视读者用户的服务环境、服务效率与服务水平建设，也需注重将读者吸引、融入图书馆建设中作为图书馆可持续发展的动力与要素。智慧图书馆在智能化服务的实现途径构建中，可主要以实现智能化的图书存放与调度系统、智能化的图书馆安防系统、智能化的服务环境调节系统（如灯光调节、温度调节等）、智能化的信息管理系统（如个性化知识的智能化抓取、组织与推送等）为突破口，运用智慧管理，推动智慧图书馆对现代图书馆进行一场发展理念、服务技术、管理形态的全新革命。

4. 基于"第三空间"理念的图书馆服务途径

随着全媒体时代的到来，人们更加强调图书馆的文化休闲作用，图书馆将从传统的以书为中心转变到未来的以人为中心，以实现阅读、休闲功能的"第三空间"为共识。"第三空间"一词也准确地表达了近年来人们对图书馆特别是公共图书馆的建设愿望。"第三空间"所反映的图书馆休闲理念也是智慧图书馆的主要理念之一，因为智慧图书馆也强调图书馆的休闲功能。智慧图书馆在基于"第三空间"理念的图书馆服务实现途径构建中，可以将增加图书馆的咖啡屋、音乐室、文化活动室等作为主要方式来实现，再通过营造舒适的人文、绿色、休闲环境来凸显图书馆的休闲气氛，使读者在休息中阅读、在阅读中休息。

5. 基于资源共享、集群发展要求的图书馆服务

信息社会海量的信息以及用户信息需求的复杂多样对现代图书馆资源建设提出了挑战，而网络信息技术的发展为资源共享提供了条件。走资源共享道路、构建地方公共图书馆服务体系也因此成为近年来我国公共图书馆的发展趋势之一，总分馆、集群式、联合发展等资源共享模式已在我国东部沿海城市的公共图书馆中得到实践。智慧图书馆的服务模式是一种新型的以知识和信息共享整合、便捷利用、多维度服务为主的服务模式，资源共享、集群发展是智慧图书馆的主要特征。智慧图书馆在基于资源共享、集群发展内涵要求的服务实现途径构建中，需在借鉴已发展成熟的总分馆等建设模式的基础上，总结、分析自身的特殊性与差异性，因地制宜，找到一条适合自己发展的资源共享、集群管理发展模式。

6. 基于移动服务的途径

进入 21 世纪后，随着互联网和信息技术的发展，移动服务方式从短信服务发展到

网站服务，再到移动APP（手机应用程序）服务，服务载体从普通手机发展到智能手机、电子阅读器、平板电脑等，使用户可以随时随地接受图书馆的数字化服务。总的来说，移动服务是图书馆事业上的一次移动革命。

智慧图书馆广泛互联互通的特点，使其能够实现手机、阅读器、IPN（互联网协议电视技术）等之间的无缝对接。以手机、平板电脑等移动设备为载体的手机图书馆，通过无线上网进行信息的双向传播，基于4G、5G手机高速浏览网页的功能，图书馆与数字图书馆之间可实现连接；借助移动短信咨询平台、移动阅读和交流平台，以及网络信息浏览平台，为读者提供书目查询服务，图书的续借、预订和到期提醒服务，参考咨询、读者荐购、个性化定制及移动阅读等服务。读者可以使用手机进行操作，随时随地进行书目检索、图书预约续借和到期查询，获取图书馆的公告信息和讲座预告信息，简单方便，通过相应接口的开发，利用数字图书馆与数字电视的交互，实现二者的互联。用户在家通过电视就能对图书馆的图书进行预约、续借，查询借阅信息等操作，还可阅读馆藏电子书刊、观看视频公开课资源。

7. 基于泛在的智慧服务途径

图书馆文献服务是以文献载体为主的，图书馆信息服务是以信息传播为主的，图书馆智慧服务是以知识传播为主的。相比之下，图书馆智慧服务以用户的智慧生成过程为中心，以智慧创造为目的，培育用户运用、创新知识的能力，根据用户的需求偏好、心理认知，为其提供个性化服务。例如，图书馆用户进行资源检索时，图书馆不仅能反馈原始信息，还能快速分析检索结果，组织成综述、研究报告，供用户参考使用，而且能按照用户需要的格式从多种形式的用户终端导出。

泛在网络环境下的图书馆，一改传统服务模式的局限，使服务定位从用户的角度出发并进行服务拓展，重点提高信息资源占有率、信息检索效率，更重视用户的个性化需求。智慧图书馆将服务融入学习和科研中，通过移情感知获得用户的原始数据，利用数据挖掘技术获取隐性知识，主动为用户提供个性化、集成化的泛在服务。

情景感知服务。移动环境中，通过智能终端，使用移动传感设备，如RFID（无线射频识别）、蓝牙、GPS（全球定位系统）等，采集读者的原始情景信息；通过读者登录时的账号，感知和捕捉其所处位置、借阅记录和偏好等的动态信息，并进行分类和过滤处理。

订制服务/聚合服务。订制服务（RSS服务），是基于RSS即信息聚合技术开展的个性化服务。RSS具有过滤信息、聚合信息、推送信息的功能，因此其在图书馆的具体应用有新书通告、电子期刊RSS服务、读者个性化信息的定制服务等。

推送服务。结合用户的信息需求，智能分析用户请求，通过数据挖掘等分析技术实现主动推送。基于图书馆泛在云平台，通过语义关联技术，依据用户的历史访问记录，记录用户的关注领域，进而推断其喜好特征，建立需求预测模型。通过电子部件和RSS服务等手段，向用户推送动态科研信息。

预约服务。包括纸质资源和数字化资源的预约，自习座位、研讨室等其他移动设施的空间和设备预约，以及培训预约等。

第二节　公共图书馆知识共享服务模式的构建

随着时代的发展，图书服务的需求较之前相比更加多元，知识的发展成为一种强大的势头，冲击着整个时代的创新。无论是从社会发展的角度来说，还是从知识更新的角度而言，不管是为了自身的长远发展，还是为了实现促进社会变革的目的，图书馆都应该顺势而为，明确自身的发展定位，构筑完善的知识机制，推动不同形态下的知识形式转化，以推进知识的更新与健康发展。综上所述，图书馆应该认识到，未来要加强知识共享的力度，这是图书馆发展的主流。

一、共享时代下的知识共享

知识共享，即建立在共享基础之上，以加强技能、推进社会综合发展的多元化实现路径。不同成员之间通过合作的方式进行知识的交流，促进个人经验不断成熟与丰富，最终影响整个组织的运作。在机制的架构内，员工能够通过多种多样的途径寻求问题解决的策略，定位合适的工具。反之，这种好的形式可以通过大众的口碑实现知识的传递，进而影响整个组织的运作，引导更多的人去使用，最终提高组织运作效率。

从单车的使用到汽车的共享，"共享经济"成为社会发展的一大潮流，它与图书行业的联系更加紧密。不少共享图书馆随之进入了大众的视野。这是新形势下所诞生的一种新的借阅机制，读者对其给予了高度的认可。不管是它的创新形式，还是它的服务能力，抑或是其图书馆建设的基本资源，都发生了明显的转变。由此我们也能够看出，未来的公共图书馆发展有着巨大的拓展空间。

（一）从知识共享到图书馆共享

2018年，我国专门针对公共图书馆建立了完善的法律保障体系，这是公共图书馆建设过程中的里程碑，也为图书馆事业的健康发展提供了根本的保障。在相关法律之中，明确要求公共图书馆应该是社会服务体系当中的重要一环，它为全面阅读的形式丰富、内容丰富做出了不可磨灭的贡献。

面对这样的发展格局，"共享图书馆"顺势而生，它是对国家有关法律的有力实践，也是一种宝贵的探索。市民对于阅读的需求因此而获得了较大的满足，文化资源与基层民众之间的联系也变得更为紧密。24小时图书馆的出现，使得群众的阅读行为不再受到时间的限制，他们的阅读时间选择更加自由。爱心书屋的出现为社区增添了崭新的文化氛围，大众可以按照自己的喜好选择读书的形式。阅读机的普及让我们感受到了移动阅读的巨大魅力。自主借阅与还书的机制方便了大众对于阅读的高品质、高效率追求。

从本质上来说，"共享图书馆"顺应整个社会共享发展的新格局、新形势。它将业务创新与职能优化结合在一起，使得资源的配备更加合理，图书馆也因此有了更强的辐射力。图书馆受众范围变得更广，数量变得更多，文化服务遍布每一个领域，与多元化的服务相互结合，城市的文化氛围更加浓厚，文化阅读成为城市一抹亮丽的风景。

（二）图书馆知识共享的内涵

知识共享的内涵是比较广泛的，学者们对其莫衷一是。高得佑指出，更为准确地说，知识共享是结合大众的需求，根据现有的知识流进行一定的更新，进而实现知识传递的目的，实现对相关知识的再创造，最终凝聚成为强大的竞争力。在他们看来，知识一旦诞生之后,我们就可以将其进行一定的复制,而且不需要付出太多的代价。因此,其使用的过程中几乎不需要耗费太多的资金与资源。因而,知识共享从本质上来说是一种知识的增值。

闰芬强调,成员之间针对知识进行沟通就可以被看作是一种知识共享的行为,它会以潜移默化的方式影响到整个组织。此外,由于存在规模化定制的现实问题,所以就会存在共享的不同形式,人性化和编码是两种主要的形式。

徐苏于在其文章中强调,只有实现资源共享,我们才能创造更高级的知识共享,然而,不管是从内容上还是从形式上而言,知识共享的范围都要宽泛得多。具体而言:一是搭建起用户和图书馆之间的沟通渠道;二是举办各种各样的图书馆活动,引导图书馆馆员参与其中。

由此可知,知识共享主要指的是组织和个体之间所开展的一种交流形式,他们共同享有资源的使用权。在此基础上,实现知识的再创造,得出全新的知识成果,也是知识更新的一种重要形式。换言之,共享的过程其实也就是交流、分享的过程。共享并非只是从图书馆中汲取知识,还要充分考虑自身的实际需求,进而为知识增值提供更大的可能。

三、公共图书馆的共享性

(一)共享是公共图书馆的特性

通常而言,公共图书馆建设的资金来源主要是政府,政府出资进行建设与支持,每一位民众都会享受到高质量的公共图书资源。就经济学层面而言,共有是其最本质的特征,它是公共产品当中最具代表性的一种,因而,它和私人物品之间存在最本质的差异。除此之外,它还具有明显的非竞争特征,具体来说,就是虽然有一部分人对其享有,但是并不影响其他人对其的享用,大家共同从中受益,他们之间不存在任何的竞争关系,也没有利益的纠葛。非排他性,指的是在整个过程中所具有的利益不是单个人的,它是大家所共有的,不会对第三方产生明显的制约,大家共享权益。鉴于公共图书馆和上述两个方面的特性存在一些差异，所以我们将其称作"准公共产品"。正是由于这一特性，全民对其共享。

（二）公共图书馆共享的全面性

所谓全面共享，指的是读者面对多种多样的资源时，这种共享具有明显的全面特征。最近这几年，不管是哪一个区域内的公共图书馆都进行了大力创新，在很多方面进行了有价值的探索，同时取得了丰硕的成果。例如浙江省就创建了共享图书馆，投入大量的资金和人力资源进行工作的创新，提供各种各样的检索形式，真正展示出在线检索的快捷性、准确性以及便捷性，让大众享有检索的权利。但是，不少图书馆对于共享的理解还不够到位，忽视了共享过程中所存在的各种问题，如在借阅图书时需要办理各种复杂的手续，借阅的困难较大，还有一些资料不能外借，需要复印后采用扫描件的形式，复印的成本过高等，我们要想将这些障碍破解需要付出不懈的努力。要真正实现资源共享，需要足够的资金来作为支持。此外，要提升馆内工作人员的薪资，让他们能够在公共事业的发展中全力以赴，没有太多的后顾之忧。

（三）公共图书馆共享的平等性

共享是平等的，面对纷繁复杂的资源时，所有的受众不应该因为性别、年龄、职业、国籍的差异而受到不公平的待遇。正是因为这一平等性的凸显，所有的公共图书馆都应该确保其读者处于绝对平等的地位，它是共享价值的高度彰显。最近这几年，不少图书馆都采取了各种措施来保障读者面对各种资源的绝对公平。南京就专门设置了爱心通道，关爱身体状况不同的读者，对每一个残障人士给予特殊的关爱。同时，南京图书馆还与多个单位进行合作，包括残联、公益协会等，免费为残障人士检查身体，为他们提供便捷通道，推荐新的书目，为他们播放各种各样的视频。同时，南京图书馆还走进各个学校，为他们提供自救知识的宣传与讲解，让他们享受各种便捷条件。

（四）公共图书馆共享的现实需求性

对广大的公共图书馆而言，要继承长期以来形成的传统，充分考虑人民群众多种多样的现实需求，然后持续创新，和时代同发展，确保公众所享受到的服务是多元的、丰富的。不少图书馆在共享现实性方面做了不懈的尝试，有些是邀请专家举办讲座，有些是将多种多样的技术引进用于业务之中；有些是和同行进行视频交流，使宣传的形式更加多样；有些是拓展新的途径，增设崭新的内容，真正实现对于网络文化的高度建设。这样一来，人民群众的精神诉求就得到了极大的满足。

四、公共图书馆信息资源共享的重要性

信息资源共享应该建立在公平、互利、共赢的基础之上，推动馆与馆之间的彼此合作，实现相互配合，协调彼此之间的关系，通过多种多样的形式进行方式的探索，最终打造共同建设、共同享用的资源共享新格局，确保所有用户都能够从中受益。此外，还应该与高校之间建立联系，通过图书馆构建起交流的平台，确保学生能够以此为基础进行知识的学习和经验的交流，打造共享资源的新格局。要突破各种限制，构筑完善的图书馆和高校彼此交流、相互促进的管理模式，保障管理更加科学、更为高效，在整合各种资源的同时实现对其深度开发，为社会的科学化进程起到良好的促进作用。从这个角度来讲，我们以信息资源共享为切入点研究公共图书馆建设就具有十分现实的价值和意义。

（一）知识传播共享的需要

在新的发展背景下，公共图书馆的功能较之前更加完善，除了基本的从事信息化建设等相关工作之外，还要时刻注重管理者角色的转型，时刻以用户的需求为指引进行信息化服务与建设。新发展态势下，图书馆需要在质量提升和服务强化方面加大力度。我们通常在评判一所图书馆的综合价值时，会充分考虑该图书馆对各种资源进行建设、开发的实际情况，判断其潜力的激发程度。同样的道理，在评判一个图书馆工作者时，我们不能单单只考虑服务的时间，而是要将问题解决的情况作为重要的价值尺度，用来衡量图书管理者归纳、概括、分析问题的能力。总的来说，公共图书馆扮演着知识传递和资源传播的重要角色。

（二）核心竞争力的需求

就所属行业的本质特征来看，图书馆是服务业当中的重要一环。怎样通过多种渠道对资源进行综合整理，满足用户的自我需求是服务业价值的高度彰显。然而，如果

图书馆只是一味地提供服务而不去考虑用户需求究竟集中在哪些方面，势必会导致需求与供给的巨大矛盾。不管图书馆当中资源的类型如何、馆藏量有多么大、文献知识有多么丰富，它们也只是无法满足读者需求的资源，缺乏实际的社会效益，需要对其进行进一步转化。图书馆需要吸引更多的读者，这是竞争的必然要求，图书馆的主动性需要不断强化，这也是发展过程中角色的一个巨大转变。图书馆要想在竞争中保持自己的独立性，需要不断强化知识的转化力度，使其经过加工更具竞争力。只有这样，图书馆事业才会获得更大的发展，整体知识产业的质量和水平才能不断强化，公共图书馆发展才会在强大动力的推动下，创造出一片崭新的发展天地。

五、公共图书馆知识共享服务模式的构建

（一）实现知识共享服务模式的影响因素

1. 隐性知识要素

知识的交流不是单向的，而是在无限的循环过程中不断推进的。知识要想不断进行转化，就需要发挥创新的作用，建立在不断交流基础上的知识传递是知识创新的一种重要方式。要想让读者有更高的满足感，就需要持续推进转化的加速，发挥隐性知识的多元化价值。假如公共图书馆能够以自觉的意识不断强化知识的传播、交流以及形式的转化，并推进相关制度的完善和健全，图书馆的价值就得到了充分的彰显。此外，还进一步提升了图书馆对于各种信息的搜集、整理、分类、储存能力，实现用户自我需求与知识的高效衔接，图书馆信息价值就得到了充分彰显。对大多数的读者而言，进行组织时一个重要的原则就是发挥隐性知识的价值，将不同的知识形态进行转化，引导图书馆真正形成强大的创新能力。

图书馆馆员个人的综合能力、个人性格、认知程度、成长经历等都会对创新产生直接或间接的影响。尽管隐性知识对广大馆员而言越来越重要，然而其自身不易表述等特征也就决定了价值衡量时会遇到重重阻力，理解的难度也会明显加大。在这种情况下，想要对隐性知识有准确的把握是很难的一件事情。这就需要管理者强化个人能力，提升知识储备。同时，接受者自身也要有一定的悟性。这个过程是动态变化的，

假如一方存在困难，势必会造成另一方难以接受，整个效果就会受到明显的制约和影响。

2. 技术要素

技术是保证知识共享效果的基础和根本保证，建立在技术之上的知识共享效果最佳。在这个共享的时代，载体技术的作用日益凸显，其涵盖的范围也是较为广泛的，信息通信、复制粘贴、资源深度处理等都是最重要的体现。其中，复杂的技术是建立在基础技术之上的，它们的合力凝聚成了巨大的力量。图书馆内所包含的资源是多样的，然而技术方面却存在明显的短板，同时，不少基层图书馆的信息技术建设进程缓慢，难以与时代发展同步。从用户的角度来讲，时空的限制很难得到有效突破，低质量的技术支持很难取得较好的共享效果。

（二）基于知识共享服务的公共图书馆服务模式构建

1. 知识共享服务模型组成要素

对图书馆的基础建设而言，最根本的一项就是确保基础设施的完备与健全。常见的图书馆基础设施包括场地、读书室、电子阅读室、娱乐放松区域以及办公区域、检索区域等，这些基础设施为图书馆正常运作提供了根本的保障。共享的内容是多种多样的，可以是包括电子资源在内的一切虚拟设备，也可以是以纸质媒体为依托的实体设备。在大多数情况下，人机交互是最主要的一种交流形式。简单来说，就是读者通过计算机进行系统的检索，实现自我需求的定位。在知识共享的新时代，虚拟资源扮演的角色已经越来越突出，它是当下公共图书馆建设的一个核心所在。

要想持续推进知识共享质量的提升，强化组织管理是最基本的工作之一，这和读者所享受到的服务之间有着极为紧密的联系。对大多数图书馆工作人员而言，其主要职责是完善有关管理制度，确保管理的科学性。这就需要图书馆工作人员能够做到不断给自己充电，强化学习，提升自身的服务质量和服务水平，确保与读者之间的沟通是高质量的。同时，还要结合知识的表现形式确立新的组织架构，推进内外部的相互结合，更新固化的思维理念，畅通交流渠道，实现知识的快速传递。

读者在很大程度上也会影响知识共享的建设情况。图书馆服务最终的对象是读者，因此，必须对读者的个性需求有准确的定位，关注他们所提出的对图书馆建设有益的建议。读者可以说是众多要素当中最关键的要素之一，他们与知识共享之间的联系不仅体现在广度上，而且还体现在宽度上。

2. 公共图书馆知识共享服务模型

在推进知识共享建设的整个过程中，首先应该构建明确的体系，这是基础，也是前提。学者周九常指出，通常而言，图书馆组织的表现形式不是单一的，而是多元的，常见的是联合与单一这两种。在他看来，在单一模式下与其建立紧密联系的知识共享模式主要发生在读者与工作人员、图书馆的内部和外部这几个方面。就内部的角度而言，最主要的呈现形式是内部资源共享；就外部的角度而言，知识的相互传递占据主导。此外，还有一部分其他要素会以各种各样的形式传递给图书馆，图书馆需要结合具体问题进行科学的处理，然后更好地服务用户，这样的过程其实是双向吸收的过程。

3. 建立知识共享网络平台

建立在技术飞速发展基础之上的共享具有较多的优势，这也是知识共享得以较快发展的一种主要方式方法。知识共享平台的建立使得知识交流面逐步扩大，同时还降低了分享的成本。信息技术的飞速发展使得信息的存储更为便捷，人们彼此的交流更为便利，知识因为技术的加持而获得了新的生命，为图书馆创新提供了更大的可能。

4. 扩大公共图书馆的联盟机构

新形势下，图书馆联盟顺势而生，它促进了资源之间的有效交流，也是一个以互利为目的的组织。不断扩大图书馆联盟是时代提出的崭新要求，它使得各种资源的购置变得更加简单；目录的联合编制使得图书馆的检索效率进一步提升；咨讯联网机制的建立使得人才优势得到充分发挥。馆与馆之间合作的日益密切使得部分文献资源短缺的问题得到了有效的解决。图书馆联盟是顺应时代发展而诞生的一种崭新的形式，它对于知识共享进程的推进起到了加速的作用。

5. OPAC模式在公共图书馆的应用

OPAC全称为online public access catalogue，它指的是"联机公共目录查询系统"。这一系统的正式使用使得联网检索的耗时大大缩减，检索的准确性不断提升。它为全世界范围内的图书检索提供了共享的可能。读者可以在任意时间、任意地点、任意国家，结合自己的需求进行信息检索，检索的范围包括全球涵盖在内的数据库。这是图书馆事业发展和建设过程中的里程碑，促进了图书馆事业现代化进程的尽快实现。

OPAC 功能是多种多样的，其中主要的功能包括信息检索、类型化归纳、关键词引导、新书上架、虚拟空间、导读推荐、个性标语、图书馆资源发布等。目前，OPAC 在功能完善与优化方面迈出了关键一步。技术方面不再单纯依赖 TELNET（远程登录系统）进行目录索引，这是对原有技术的突破，也与当下馆际书目建设的诉求相互吻合。目前，大多数图书馆都通过网络的形式进行当地书目的综合，然而这种综合存在一定的限制，它难以与更大范围内的检索相互支持，区域限制问题难以得到有效的解决。

从图书馆多年来走过的发展历程来看，只有知识与时代发展的诉求紧密结合时，这样的知识才备受欢迎，也才能真正推动图书馆事业的发展与健全。知识共享的实现使得知识本身的价值得以充分彰显，共享与知识的价值层面已经建立起了紧密的联系。伴随着当下知识经济席卷各个领域的势头，整个社会获得了新生，图书馆事业也因此而充满勃勃生机。对广大的图书馆而言，需要乘势而上，在实现知识交流的同时将共享的价值充分发挥出来，也就是在社会层面实现共享。

第三节　网络环境下图书馆读者服务工作的完善

社会在发生着巨大的变革，技术更新、新鲜的发明、产品的诞生等都发生着崭新变化。特别是近些年来互联网、数字化进程的逐步加快，使得人们认识世界有了更加广阔的平台。此外，现代技术与图书馆行业发展密切结合使得内外部运作体系发生了较大的变化。面对这一崭新的变化，图书馆需要转变思维，将"人"放在突出的位置予以强调，也就是要时刻注意读者的自我需求，突出强调读者的心理诉求。这也意味着原有的封闭状态被打破，迎接读者的是一种更为开放的格局，他们不再是知识的被动接受者，而是主动在知识的海洋里遨游。换言之，互联网的快速发展使得读者服务较之前发生了明整的改观,未来它将会持续深化和拓展,我们可以从以下几方面来进行理解。

一、图书馆形成了新的读者服务理念

互联网背景下,信息竞争的势头愈演愈烈,我们只有真正站在读者的角度思考问题,考虑读者的发展诉求,尽最大的可能争取读者的支持,才能真正打赢信息争夺战役。面对这一背景,图书馆就应该顺势而上,将服务读者作为自身的一种先进理念。简单来说,我们可以进行如下概括。

1. 读者是图书馆服务的主体

图书馆需要服务的群体众多,读者是其中一个重要的组成部分,并且具有主体作用。

对广大的高校图书馆而言,要乘势进行改革,将读者的满意作为衡量自身的一个重要指标,让他们通过阅读能够得到精神的洗礼。此外,还要定期对他们的意见进行搜集,将部分合理、科学的意见汇集起来予以采纳。在这样双向互动的过程中,读者的主体性得到了最好的体现。

2. 重视图书馆读者服务的细节

图书馆最重要的特性之一就在于其服务性,特别是在现代社会里,图书馆的服务价值表现得越来越明显,它的重要使命之一就是为读者提供高效、科学、优质的多元化服务。图书馆是文化传承的纽带,是为社会文化事业蓬勃发展做出突出贡献的重要组织。高校图书馆不仅是科学研究的信息场所,而且也是教书育人的重要基地。因此,高校必须将提升服务水平作为一个重要的使命,这对于学校的建设、人才的培育以及科研成果的形成具有直接的影响,还会影响整个学校的社会口碑。

图书馆要想获得更加广阔的发展空间,就需要具备"营销"的思维。怎样将其真正落实到位,做大做强,需要我们深化研究。所以,将"营销"思维与图书馆建设相互结合就是当前十分紧要的一个任务。

图书馆的服务质量如何,这关乎众多的细节。我们甚至可以这样认为,读者对服务的满意与否其实是由细节做得是否到位所决定的，不管是任意一个细节，都有可能影响读者对图书馆的看法，但凡其中有一个细节存在问题，读者就会十分不满。因此，对现代图书馆的建设而言，应该注重每一个细节。

二、图书馆的读者服务内容日益丰富

传统背景下，图书馆当中的资源大多数都是以纸质的方式来呈现的，服务的主体内容包括浏览、阅读、流通、评估、咨询等。在这些业务之中，最常见的是书籍借阅，所以，其服务形式还缺乏多元性。在互联网背景下，图书馆服务内容将会变得更加丰富，集中表现为下述几方面：

第一，互联网背景下，图书馆会对各种信息进行搜集，这也有助于将信息资源的价值充分挖掘出来。然后，再结合用户的多元化诉求进行数据资源的建设，进而以互联网为依托向读者提供高质量服务。

第二，网络与图书馆的密切结合使得原有的物理空间发生了明显的转变，其动态虚拟特征体现得更为明显，包容性特征也得到了淋漓尽致的展现。读者可以以邮件、网络传输等途径检索资源，实现高质量的"远程协作"。

三、图书馆以读者为中心的服务流程日益优化

随着图书馆的不断建设，各个图书馆会结合本图书馆的发展特征、馆舍建设情况、文献类型等要素，打造适合自身发展的流程。然而，互联网环境下，无论是读者的思维、阅读形式还是自我习惯都较之前有大的改观，传统背景下的服务流程与读者诉求发生了一定的矛盾。在这一背景下，图书馆越来越重视读者的精神需求，读者的地位得到了空前的强化。

要想真正实现以读者为中心，就要时刻关注读者行为，强化对它的管理。也就是说，要观察、考量、发掘、利用读者的自身行为特征。不管读者和图书馆的关系究竟如何，读者的基本目的都是获得更多的信息，挖掘丰富的知识。图书馆的一切活动都要建立在读者的需求基础之上，以打造真正的"读者中心"。

第二章　公共图书馆服务的研究

第一节　图书馆服务的概念

图书馆作为信息服务机构,通过阅览、外借、复制、参考咨询、文献检索、宣传报道、情报分析、专题讲座、展览等方式,广泛地为人民服务,为经济建设、科学技术和文化教育事业的发展服务。

一、图书馆服务的内涵

图书馆服务也被称为读者服务工作,是图书馆充分利用馆藏资源和设施直接为读者提供所需文献和情报的一系列活动的总称。

图书馆服务经历了从封闭到开放,从仅提供一次文献到兼提供二、三次文献服务的漫长历史过程。随着图书馆事业的不断发展,图书馆服务的内容和方式日益多样化,服务对象也逐渐扩大,图书馆的服务也逐步向现代化、科学化和法制化的方向发展,许多国家都在努力实现图书馆资源共享,并广泛开展馆际间协作,向各种类型的读者提供更为深入、系统和便捷的文献信息服务。

二、图书馆服务的组成要素

图书馆是搜集、整理、保管和利用文献,为一定社会的政治、经济服务的文化教育机构,其构成要素也有不同的说法。现在通常认为文献、读者、馆员、技术方法、建筑与设备和管理构成图书馆服务的组成要素,六要素相互作用、相互联系,继而保证图书馆服务工作不断发展与变革,以期满足读者日益多元化的信息需求。

（一）文献

文献是记录、积累、传播和继承知识的最有效手段，是图书馆开展一切读者服务的基本条件。传统的图书馆藏文献包括图书、期刊，以及音像、缩微资料等。随着信息化时代的到来，图书馆已从传统向现代图书馆过渡和发展，图书馆的藏书结构、体系发生了重大变化，图书馆除拥有一定量实体文献外，还要具备获取文献信息、开发信息资源的能力。特别是文献信息资源，是图书馆开展读者服务的核心要素，图书馆要充分利用日渐丰富的文献信息资源，履行社会职能，促进图书馆的可持续发展。

（二）读者

读者作为一种社会阶层的概念，具有广义和狭义之分。广义地讲，凡是具有阅读能力并从事阅读活动的社会成员都可以称之为读者。狭义地讲，读者是指具有一定阅读能力并利用图书馆从事文献信息活动的个人和社会团体的总称，即图书馆的服务对象既包括实地来到图书馆的读者，亦包括使用图书馆网络资源的读者。

图书馆服务工作的价值取决于读者的存在和需求。读者对图书馆的依赖程度决定着读者服务工作的发展水平。读者是图书馆文献信息资源的利用者。也是文献信息服务的接受者，是推动图书馆服务工作前进的动力。

（三）馆员

图书馆馆员，泛指图书馆的工作人员，包括各个层次的行政管理人员和专业技术人员，是图书馆的主体因素，是图书馆活动的组织者与管理者，是联系用户与文献信息的中介和纽带，是使文献、信息的价值由潜在变为现实的关键。图书馆服务工作的好坏，图书馆社会作用的大小，直接取决于图书馆工作人员的业务水平、服务精神以及道德素养等因素。在信息科技快速发展的今天，图书馆馆员不但要胜任信息专家、网络管理员与导航员的角色，更要胜任学科专家、复合型专家兼学者的角色。

馆员是图书馆工作的实施者，是图书馆组成要素中最具生命力的物质力量与精神力量的源泉。

馆员是图书馆的管理者，从事业务、人员、经费、馆舍或设备等的管理。

馆员是文献信息的开发者。传统图书馆馆员是"藏书保管者""知识守护者"，现代图书馆馆员还要对文献进行深层次开发与挖掘，进行二次文献、三次文献加工。

馆员还是知识与信息的传递者。馆员不仅是文献信息的搜集者、开发者、加工者，而且还是知识与信息的传递者。

（四）技术方法

技术方法就是图书馆的服务方法，包括文献信息的收集整理与开发利用的技术方法、图书馆组织管理的技术方法、用户服务的技术方法，以及利用信息技术和自动化技术对图书馆进行集成管理，构成了图书馆技术的方法系统。技术方法是为了满足读者特定的文献信息需求而采用的各种文献信息服务的方式和手段所构成的多功能、全方位服务的有机整体，各种服务方法相对独立，它们之间又互相渗透、补充和共同发展，是图书馆服务的基本途径。图书馆能否发挥作用，主要取决于图书馆馆员能否掌握先进、正确的技术方法。技术方法的发展是图书馆不断进步的重要保证。

（五）建筑与设备

馆舍和技术设备、办公设备、阅读设备等是图书馆最主要的物质条件，也是图书馆充分发挥文化教育职能的场所和手段，应该受到重视。传统图书馆建筑设备包括建筑、阅览桌椅、书架、目录柜等，随着现代化技术的发展，图书馆还应具备视听、缩微、复印、传真等设备，以及图书馆计算机自动化系统、局域网和互联网接口、消防安全系统等。图书馆的建筑与设备要适应图书馆文献信息的情况与服务功能的要求。如果图书馆的馆舍建筑不当，设备不符合标准，都会妨碍图书馆服务工作的开展，并降低图书馆的社会功能。

（六）图书馆的科学管理

图书馆的管理就是应用系统、科学的方法，按照图书馆事业的发展规律，合理地组织、规划、控制、协调图书馆工作中的人、财、物等各种资源，以最少的消耗实现图书馆的既定目标、完成图书馆任务的过程。图书馆管理的内容包括图书馆组织机构的管理、人事制度的管理、业务、图书馆的规章制度、图书馆管理的方式与方法等。图书馆管理是图书馆工作顺利进行的基础，没有图书馆的科学管理，就没有图书馆工作的合理化与科学化，必然导致图书馆工作的分散、混乱、重复和低效。

第二节　图书馆服务的对象及其需求

　　图书馆的读者就是图书馆的服务对象，是来自社会各个阶层的对图书馆有着各种信息服务需求的社会团体和个人。图书馆作为信息服务机构，其所有的工作都是围绕图书馆的服务对象展开的，因此只有对服务对象及其所需进行深入研究，才能更好地做好读者服务工作。

一、图书馆的服务对象

　　图书馆的服务对象就是我们通常所说的图书馆的读者，随着现代图书馆信息化、数字化、网络化平台的建立，有时也把数字图书馆的读者称作"用户"。总之，凡是具备阅读能力和行为并能接受文献信息作用的人，都可称其为读者。他们既是利用图书馆文献资源的主体，同时又是一切信息资源发挥作用的客体，是图书馆服务中信息交流系统的核心因素。

（一）图书馆读者类型

　　不同的社会经历和社会生活形成了各具特征的不同类型的读者群，体现了他们特有的文献需求和阅读行为。根据不同的标准，读者可划分为以下几种类型：

　　（1）按照读者利用图书馆的状况可分为现实读者和潜在读者。

　　现实读者又分为正式读者和临时读者，个人读者和集体读者。正式读者在图书馆登记注册，并领有借阅证件，享有固定使用图书馆的权利；临时读者未与图书馆建立正式借阅关系，凭身份证件偶尔利用图书馆。任何社会成员均可根据自身需求到图书馆利用馆藏文献，都可以成为图书馆的临时读者。集体读者以固定的机构或团体为单位利用图书馆。潜在读者是指具有利用图书馆的能力或权利，但因各种原因未能实现的人。

　　（2）按照读者的年龄可以分为少年儿童读者、青年读者、成年读者和老年读者等。

　　不同年龄段的读者在阅读爱好和阅读倾向方面存在一定差异。例如，少年儿童求知欲强，选择读物易受外界的影响，老年读者一般偏爱陶冶性情、健身保健之类的读物等。

（3）按照读者的社会职业性质可分为工人读者，农民读者，学生读者，教师读者，干部、科技人员和退休读者等。

他们在阅读兴趣和文献需求等方面有明显的职业特点，并有连续持久的阅读趋势。

（4）按照读者的使用目的可以分为学习型读者、娱乐型读者和研究型读者等。

学习型读者利用文献知识充实自己，他们使用文献具有系统性、计划性和阶段性的特点；娱乐型读者是为了满足个人精神方面的需要而进行阅读与欣赏；研究型读者多半是为了拓展新的知识领域从而进行创造性的探索，一般利用在一定历史阶段累积起来的大量文献或是最新的情报信息，有时还需要利用相邻学科的文献。

（5）根据读者的生理缺陷可分为聋哑读者、盲人读者等。

图书馆有义务向他们提供盲文书刊、音像设备以及诵读、手语等特殊服务。

（二）图书馆读者要素

（1）阅读能力

阅读能力是每个人成为读者所具备的必要条件，也是任何一个社会成员成为读者的条件。一个人的阅读能力主要表现为：具有一定的文字识别能力、文化基础和一定的分析理解能力。对一个能阅读的社会成员来讲，必须具有接受、理解、吸收科学文化知认的共同能力，才能保障交流的进行。这种能力就是所谓的阅读能力，是读者所具备的基本能力。

（2）知识需求

知识需求是每个社会成员成为读者的重要条件。只有具备了强烈的知以需求和阅读意愿，才能促使读者主动去寻求满足需求的文献信息，开展阅读行为。

（3）阅读行为

社会成员成为读者的显著特征，即对某种文献实施了一定的阅读行为。读者阅读行为的开展是其自身意识与外部现象相作用的结果。在读者自身意识中，阅读能力是基础，知识需求是本质，阅读行为是核心。三要素结合共同构成了读者的必要条件，缺一不可。

综上所述，读者是利用文献资源的主体，文献必须通过读者的阅读活动才能体现使用价值；读者通过阅读活动获取信息，继而实现人类文化的交流、继承和创新；读者在阅读活动中有其特定的阅读心理活动，它既取决于读者的修养水平，阅读动机、目的与条件，同时也受各种社会环境条件的制约。

二、读者信息需求的构成

随着计算机与网络技术的高速发展，读者的信息需求也发生了变化，改变了原有对传统文献信息的认知与利用方式。那么作为信息时代的图书馆，更要把握好读者信息需求的变化，从读者信息需求的内容、方式和特征等方面入手，形成全面认识，满足读者的信息需求。

（1）对信息的需求，包括对信息内容与形式的需求。信息的内容反映的是信息所属的学科，如"经济信息""生物信息""环保信息"等。信息的形式是多方面的，如"政策信息""市场信息"抑或是"产品信息"等。其所指的是图书馆信息资源本身，是读者通过图书馆服务所获得的最基本的信息需求。

（2）对信息源的需求，包括信息的来源范围与信息的载体形式等。读者对这方面也会有不同的要求。

（3）对获取信息方式的需求，主要有正式途径和非正式途径，或者说是直接交流与间接交流。读者会根据所需信息类型不同，或选择组织化的有序交流，或选择非组织化的无序交流等不同途径。

（4）对获取信息方法的需求。读者对"要什么"（信息内容）、"从哪里要"（信息源和行为途径）有了明确的要求之后，还会对"怎么要"（查询方法）提出具体要求。查询方法的要求主要是对信息检索工具与检索方法的要求。

三、读者信息需求的特点

图书馆的读者来自社会的各个阶层、各个领域，他们所具备的学历不同、专业背景不同、语言和文化习俗不同、年龄不同，使用计算机的能力也不尽相同，因而读者的需求也是变化万千。计算机与网络技术的飞速发展和在图书馆技术平台中的广泛应用，不仅极大地丰富了图书馆信息服务的内容和方式，而且使传统图书馆的信息服务功能得到了空前拓展，也使读者的信息需求发生了深刻变化，呈现出一系列新特点。概括起来，主要有以下几个方面得特点：

（一）广泛性

图书馆收藏的文献，涉及各门学科，体现了文献的系统性与综合性，读者借阅文献的范围涉及《中国图书馆分类法》的二十二大类，信息需求颇具广泛性。过去，由于图书馆文献资源载体有限，服务手段落后，服务方式单一，为读者所提供的服务规模和领域也非常有限。而在今天的网络信息时代，随着现代化服务手段的提升与服务功能的不断拓展，读者的信息需求已由原来的有限性、稳定性、集中性逐步发展为现在的随机性、分散性、多元性。这种迅速扩大与极具膨胀的信息需求，使得图书馆面临的读者信息需求量与日俱增，信息需求范围也日益扩大，信息需求所涉及的学科和专业领域也大大地拓展。

（二）全面性

网络信息时代，图书馆的信息资源更加全面，信息载体不只是原来单一的印刷型书刊文献资料，各种电子出版物、专业数据库和网络信息，正在成为图书馆信息资源的重要组成部分。读者对图书馆的信息需求也不仅仅局限于传统的书刊目录、文献索引，而是越来越多地转向了专题资料、科学数据、综合分析等经过深层次加工的信息。对信息载体的需求也更加青睐分门别类的各种电子出版物、声像资料及网络信息。读者所表现出的对信息的全面需求势必促使图书馆始终要把建设丰富而全面的信息资源体系作为首要任务，并不断创新服务方式，拓宽服务领域，满足读者日渐全而广的信息需求。

（三）快捷性

信息需求快速高效是信息化社会的必然产物，也是读者对图书馆信息服务的客观要求。科学技术日新月异，新知识、新事物相继涌现，传递信息方式的深刻变化为图书馆读者充分获取信息、利用信息和进行信息交流搭建了高效的技术手段与平台。所有这些在客观上进一步激发了读者对图书馆高效化信息服务和方便快捷传递方式的渴望,以至于更多的读者已经不再满足于到图书馆查阅所需的信息资料了,这就要求图书馆要全天候地超越时空距离地为读者提供更加快速、便捷和实效的信息服务。

(四)层次性

图书馆读者的需求具有鲜明的层次性特征,一般由低层次逐步向高层次过渡与发展。读者需求的层次主要体现在两个方面:一是读者群体结构多层次性;二是读者对信息需求的价值观念的层次性。读者需求的层次性是随着读者水平的提升、经济的发展、科学技术的进步及某种精神文化方面的需要逐步向更高层次需要转移的。读者对信息的需求呈现出由浅入深、由粗及精的循序渐进的规律,且具有阶段性之特点。

(五)差异化

由于图书馆读者群体的每位成员具有不同的职业、年龄、学历、专业、兴趣爱好等,使得他们的需求目的、需求心理及行为习惯也显露出明显的个体差异。例如:科研读者的信息需求,一般都是主题明确,目的性比较强,强调信息的专业性、准确性和可靠性;而学生群体则既需要与课程学习相关的专业性、知识性和学术性信息,还特别关注与现代社会密切相关的热点和焦点信息;企业人员需求的则是与本职工作相关的信息,特别强调信息的实用性、针对性与指导性作用;低龄段儿童亲子阅读需求更加明显;居家退休老人则更关注健康、保健方面的相关信息。

第三节 图书馆服务的内容

图书馆服务就是图书馆利用馆藏资源和硬件设施直接向读者提供文献信息与情报的一系列活动,也就是我们通常所说的图书馆读者工作。现代图书馆不仅通过阅览和外借的方式向读者提供印刷型图书、报刊资料,而且需向读者提供文献缩微复制、参考咨询、编译报道、情报检索与服务、课题跟踪服务,还要开展宣传文献情报知识的专题讲座、展览等服务。一切从便利读者的角度出发，为各种类型的读者提供不同的服务。

为满足不同类型读者的需求，图书馆通常还要开展读者研究和读者教育等活动，掌握和分析读者利用图书馆的规律和特点，提升读者利用图书馆的知识水平与能力，提高图书馆藏书利用率和服务效果。

一、组织与研究读者

读者是图书馆的基本组成要素之一，是图书馆赖以生存的根本。要做好图书馆服务工作，必须熟悉读者，了解读者的阅读倾向、阅读心理。通过读者调查的方式对读者的阅读能力、阅读动机、阅读兴趣进行研究，确定读者服务范围和服务重点，制定读者发展规划，划分读者类型，掌握读者动态，组织并调整读者队伍，组织与读者研究是开展图书馆读者工作的重要内容和前提条件，开展读者研究总体上有利于把握读者需求的特点和规律，并针对读者动机进行正确引导，提高图书馆服务个性化需求，不断改善读者服务方式，拓展图书馆服务领域。

二、组织各项服务活动

图书馆应针对用户的实际需要，充分利用藏书、目录、馆舍设备及环境条件，有区别地开展各项服务活动。综合运用外借服务、阅览服务、复制服务、咨询服务、网络信息导航服务、检索服务、定题服务、编译服务、情报服务、网络数据检索、科技查新、展览服务、休闲娱乐等多种形式，组织建立多类型、多级别的综合服务方法体系，有效地满足各种类型读者对一次文献、二次文献、三次文献的不同层次需求，帮助用户解决在学习、研究和工作中对文献资料的查询和利用时遇到的问题。

随着现代化技术的不断发展与广泛应用，图书馆应根据本馆性质、规模和读者的需求，扩大读者服务范围、优化读者服务方式、增加读者服务内容、提高读者服务水平，充分体现图书馆的社会价值。

三、组织各项宣传辅导活动

宣传辅导工作是图书馆教育与情报职能的体现,主要包含以下内容:组织广泛的学术报告活动与科学技术交流活动,主动向读者揭示、推荐信息资源的内容与形式,开展文献信息的宣传报道、陈列展览,及时传递最新情报信息,宣传先进思想,吸引读者最大程度利用图书馆的各种资源与服务;有针对性地编制各种专题书目索引,定期开展利用图书馆知识的宣传教育活动,参与读者选择书刊、目录、文献检索及阅读方法的指导,吸引更多的读者走进图书馆,开发与利用图书馆馆藏资源。

四、组织管理工作

为了有效地开展读者服务工作,图书馆的读者服务部门要进行自身建设和组织管理,包括读者服务对象管理、读者服务人员管理、读者服务设施管理。如设置工作岗位,明确岗位职责,配备工作人员,组织劳动分工,建立业务人员管理、培训、绩效、考核、奖评方案;建立读者服务规章制度、合理组织藏书、改善技术服务方式、完善读者服务体制,为读者创造良好的环境与条件,不断提高服务质量与效益,保证图书馆服务工作健康有序向前发展。

图书馆服务的四个部分紧密相连、相互依存,构成完整的图书馆服务体系,组织与研究读者是图书馆服务工作的前提,组织各项服务活动是图书馆服务工作的组织形式与表现过程,组织各项宣传辅导活动是图书馆服务工作的基本要求,组织管理工作是顺利开展图书馆服务工作并获得成效的最基本保证。

第四节 图书馆服务的原则

美国图书馆学家谢拉曾说过:"服务是图书馆的基本宗旨。"服务是贯穿图书馆发展的主线,是图书馆核心价值的体现。现代图书馆发展的最终目标就是为读者提供更好的服务,与社会上各行各业的服务相比,图书馆的服务有其特定的原则与内涵,经过多年的科学讨论与工作实践，一般应遵循开放原则、方便原则、平等原则、区分服务原则、满意原则、创新原则。

一、开放原则

图书馆自诞生之日起，从封闭、半开架、全开架到现在的藏、借、阅、检、咨一体化全开放服务模式，经历了漫长的发展过程。开放原则是图书馆服务的基本原则，现代意义的图书馆全开放包括资源开放、人员开放、时间开放、馆务公开。

（一）资源开放

资源开放，就是把图书馆所有的馆藏资源和设施向读者开放。

（1）馆舍建设要通透宽敞，打破房间的阻隔，形成了全新的大开间、全开放的服务格局，尽显服务方便化、人性化、休闲式之特点，服务区域实行藏、借、阅、检、咨一体化管理，为读者提供了更具个性化的"文化交流空间"。（2）形成馆藏资源及服务的全域共享。馆藏文献资源是图书馆为读者提供信息服务的基础。新时代的用户已不再满足于单一的馆藏信息服务，内容新颖、形式多样、类型完整、来源广泛的信息内容才是他们需要的，这种多样性、综合化的信息需求只有多个图书馆走资源共建、服务共享之路才能更好地服务于读者。（3）图书馆所有设施（如书库、展示厅、电子阅览室、视听间）向读者免费开放。（4）全方位揭示馆藏，健全检索服务体系等。

（二）人员开放

1994年，联合国教科文组织与国际图联在共同制定的《公共图书馆宣言》中明确宣告："公共图书馆应不分种族、年龄、性别、宗教、国籍、语言或社会地位，向所有人开放，并提供平等服务。"

现代图书馆不仅仅是一个阅读场所，而且也是人们休闲、交谈、娱乐的场所。其开放的服务理念应成为现代图书馆服务最具魅力之所在。

（三）时间开放

在时间的开放上，图书馆应最大限度增加为读者服务的时间，主动适应读者需求，不再局限于某些特定的时间段提供服务。

实行365天无闭馆日制度，建立24小时无休的公共图书馆、图书流动车，满足人们在上课时间之外、工作时间之余利用图书馆的需要，以此弥补公共图书馆开馆迟、闭馆早、借阅不便的不足。此外，还要建立移动图书馆服务平台，构建实时在线的全天候移动网络服务。

（四）馆务公开

凡是与读者服务相关的决策（如有关制度、规定、做法等）过程及其结果要向读者公开。馆务公开不但是图书馆决策民主化的需要，同时也是图书馆服务取信于读者的需要。实行馆务公开应从以下几方面工作着手：(1)制定馆务公开制度。对需要公开的事项、公开的时间、公开的方式等，做出明确规定，使其制度化。(2)建立读者参与管理机制。凡是与读者利益相关的重大事情，事先应广泛征求读者意见，条件允许的情况下，让读者直接参与到决策过程中。(3)公开读者监督途径。如设立读者意见箱、公开馆长联系方式、公布领导接待读者日等。实时公开接受读者监督与评价，充分了解与掌握读者满意度，以便更好地开展读者服务工作。

二、方便原则

图书馆服务中的方便原则是为服务用户提供方便，是所有服务行业共同追求的目标。只有提供方便的服务才能受到人们的欢迎，方便是服务的本质与核心。图书馆服务的方便原则主要体现在以下几个方面：馆舍位置要方便读者，服务设施要方便读者，资源组织要方便读者，服务方式要方便读者等。

（一）馆舍位置要方便读者

图书馆应位于交通便利的位置，为推广全民阅读创造有利条件。有的国家规定，从住地最远步行10～20分钟的距离内，就应找到一家图书馆。根据图书馆年报数据，截止到2017年，我国共拥有各级公共图书馆3166个。随着国家对文化产业重视程度的不断提高，作为文化产业重要组成部分的公共图书馆也必将得到更好更快的发展。公共图书馆为解决公共服务设施"最后一公里"问题，可以在城市街区、乡村建立分馆，设立移动电子阅读设备、汽车图书馆等，为全地区的公共文化建设服务提供有力保障。

（二）服务设施要方便读者

服务设施要方便读者，首先馆舍建设要大开间通透、明亮、开放，服务设施要健全，摆放要合理化。通透，无遮掩的藏、借、阅、检、咨的建筑模式方便读者查阅资料，尽显书中有人、人在书海的意境。在进门大厅处设置存包柜及餐饮休息区；秉承"无障碍设计"的理念，设置盲人通道、残疾人专用如厕；为年幼儿童配备低矮阅览桌椅等，充分体现服务方便化、人性化、休闲式之特点。

（三）资源组织要方便读者

资源组织要方便读者是指充分发挥图书馆全部资源的最大效益。首先要求图书馆在馆藏资源的空间布局上最大程度地缩短读者与资源之间的时空距离，保证到馆读者可以自由地接触到所有馆藏资源（包括纸质文献、数字馆藏、空间资源，服务设备等）；其次，在图书馆以外，还要树立大资源观，面向全社会开展资源共享服务，通过现代化技术手段构建及时的、多层面的资源揭示与导航服务功能，实现图书馆所有馆藏资源的全域共享。

（四）规章制度与管理办法要方便读者

想方设法减少对读者的限制，是方便读者不可或缺的重要方面。为开展图书馆服务所建立的一系列规章制度和管理措施都是为了维护多数读者的利益，不应成为读者利用图书馆的障碍。但是，图书馆在实际工作中往往会有意无意间以方便管理为出发点，制定一些限制读者、忽视读者方便使用的管理办法，这样就可能给读者造成各种不便。图书馆应当根据客观情况的变化适时调整与完善管理制度，协调好图书馆、馆员与读者三者之间的关系，方便读者的同时，实施科学管理，使图书馆的服务和管理体系真正以保护大多数读者的利益为出发点，保障图书馆服务有序健康开展。

（五）服务方式要方便读者

服务方式要方便读者是指图书馆要充分尊重读者意愿，遵循图书馆自身的工作规律，以科学的思想理念、科学的服务态度，以及科学的管理方法和措施，组织和开展图书馆服务工作。始终坚持以人为本的服务理念，以更加人性化、个性化、专业化、虚拟化、智能化的服务满足读者日渐多样的信息需求。科学的服务态度就是一切从实际出发，讲实效且不拘一格。无论是资源组织、机构设置、方案设计或是工作流程都要体现一切为了读者、一切方便读者、一切为了利用的服务宗旨。科学的方法是指图书馆在开展服务中形成的一整套实用、有效、先进的理论与方法。如满足个别读者的个别需求；利用寒暑假为留守儿童上门送书；走进聋哑学校，为盲童读书、讲故事；深入机关开通图书流动车服务；为节省读者时间，开通读者微信办证服务；通过大数据平台，掌握读者阅读倾向及喜好。采用这些科学先进的服务方法，丰富读者服务内容，加强读者服务能力。

三、平等原则

"图书馆是体现人类自由与平等理想的圣地""图书馆面前人人平等"，是图书馆界的人权宣言。

在图书馆服务中贯彻平等原则，就是要求图书馆以博爱精神关爱每一位读者，尊重每一位读者，坚决维护每一位读者的合法权益。图书馆平等服务原则的实质就是对读者权利的充分维护。根据国家相关法律及图书馆的实际情况，图书馆读者应平等享有的权利主要包括以下几个方面：

（1）平等享有取得读者资格的权利；

（2）平等享有阅读的权利；

（3）平等享有个人人格及隐私不受侵犯的权利；

（4）平等享有提出咨询问题的权利；

（5）平等享有获得图书馆辅导帮助的权利；

（6）平等享有参与和监督图书馆管理的权利；

（7）平等享有接受安全卫生等辅助性服务的权利；

（8）平等享有遵守图书馆规章制度的权利与义务；

（9）平等享有提出合理化建议的权利；

（10）平等享有对图书馆工作进行评价的权利；

（11）平等享有当自己的合法权益受到侵害时提出改进、理赔或诉讼的权利。

只有充分维护和保障以上方面读者权利，图书馆服务中的平等原则才能真正得以贯彻。

四、区分原则

强调平等服务，并不是说图书馆服务必须一成不变，完全均等化。为了充分体现平等原则，反而需要图书馆根据每位读者的不同需求提供有针对性的服务，以最大限度满足读者需求。因此，区分原则是指在图书馆服务中，针对不同读者的不同需求，采取不同的服务方法，有侧重点、有针对性地为读者提供服务。

区分原则应建立在对读者和藏书进行系统分析的基础上，图书馆在执行这一原则时，首先应注意藏书结构和读者结构相匹配。读者成分及其需求是一个多类型、多层次的动态结构，因此，图书信应根据此结构建立一个多级别、多层次的动态结构，针对不同类型的藏书与读者需求提供不同的使用条件与环境，使每位读者都能各取所需，使图书馆的馆藏资源都能物尽所用。其次应注意服务机构与服务方式的匹配。不同类型的图书馆如公共图书馆、科研图书馆、高校图书馆，其服务任务与服务对象各不相同。

对文献信息的搜集、整理、保管和传递的内容、形式和方法也存有差异。各个图书馆都应根据服务对象的特点，从机构设置、责任分工、服务方式等方面采取措施，兼顾一般、主次分明、保障重点，进而更好地服务于每一位读者，充分发挥图书馆的服务职能。

五、满意原则

满意原则是图书馆服务所遵循各种原则中的核心原则，读者是否满意及其满意程度如何，是衡量图书馆服务质量的最终标准。

读者满意度是指读者对图书馆提供文献服务的满意程度，是读者接受服务时的内心感受及主观评价。美国宾夕法尼亚州立大学的安达利和西蒙兹提出测评读者满意度的五个命题：感受到的图书馆资源质量越高，读者满意度就越高；图书馆工作人员的反应性越强，读者满意度就越高；感受到的图书馆工作人员的能力越强，读者满意度就越高；图书馆工作人员道德行为越积极，读者满意度就越高；感受到的图书馆设施越好，读者满意度就越高。

读者对图书馆服务是否满意，属于主体（读者）对客体（图书馆）所做的评价范畴。黄俊贵先生认为，读者的主体地位一般表现为三个方面：一是读者对文献，即文献是否符合读者需求，必须得由读者做出判断；二是读者对图书馆馆员，图书馆馆员的服务态度、服务能力、服务效果必须由读者来鉴定；三是读者对图书馆工作，即图书馆的各项业务建设、规章制度、服务项目以及设施是否反映了读者利益与要求，必须由读者进行评价。

六、创新原则

图书馆服务创新是在社会不断发展进步与读者需求日渐变化情况下的必然需求，范围涉及服务理念的更新、服务范围的拓展、服务质量的提高。在图书馆的服务创新中，需要以读者的需求为导向，以读者的满意度为驱动力，不断提升服务质量，创新并不局限于固定的模式，其最终目的是提高图书馆服务质量与读者满意度。

（一）转变观念、强化品牌意识

服务是一种品牌，品牌是品质优异的核心体现，打造和培育品牌的过程即是不断创新的过程。

什么是图书馆的品牌？程亚男女士指出："一个图书馆如果能够通过自己的某种独特性：或一定的规模与馆藏；或某一信息产品，或某一特色服务，在同行业中形成差别优势，那么这种优势就是品牌。"图书馆服务树立品牌最关键、最根本之处是紧紧围绕读者需求，转变服务观念，增强读者的信任感与依赖感，开发特色信息产品与服务最大限度满足读者需求，推动图书馆事业的发展。

（二）拓展图书馆的功能

随着我国经济社会与文化事业的不断发展，图书馆的功能也在不断拓展，现代图书馆早已不是单一的文献服务机关，而是逐渐成为地区、城市的文化中心、文献信息中心、社会教育中心、知识交流中心、文化活动场所等。

为适应社会发展和人民群众的需要，图书馆可以进一步丰富、拓展并完善自己的功能。如杭州市图书馆于 2014 年 8 月举办的各种文化艺术阅读欣赏体验活动达 100 余项。

（三）创新服务模式，拓宽服务渠道

图书馆应改变以往单一的外借与内阅服务模式，利用现代化网络平台，提供各种数据库、知识库服务以及多种在线或离线的信息服务，如信息推送、网络呼叫、智能代理等服务。这些服务方式具有较强的实时性、智能性和交互性等特征，能够同时提供实体馆藏和虚拟馆藏服务的模式，为读者提供全新的个性化服务，极大丰富了图书馆服务的内容。

图书馆还应拓宽服务渠道，应吸引社会资金，动用社会力量，鼓励社会组织、居民等多元主体参与公共文化服务体系建设。如与房地产商联手建设城市书房，与大型商场联建共享书屋等，由商家负责书屋的整体设计与装饰、设备配置、服务管理，图书馆负责书屋的技术支持、业务辅导及书刊防盗设备的配送等。

第三章 文化消费与文化创意

第一节 文化商品的价值

当代社会,产品的存在形式和满足人们消费需求的形式产生了显著的变化。伴随新的商品形式的出现,商品由满足人们的基本生活需求向更高层次发展,满足人们精神需求的商品成为新的消费热点。由此,消费和消费文化逐渐成为政府和学者们关注的对象。这些文化产品中带有显著的时代特征和社会特征,同时也传达着社会的价值、意义及社会规范要求等,由此产生了对这些产品进行链条操作的产业形势,即文化产业诞生。文化产业在产业特征、产业机制和产业的运营形势等方面都与传统产业存在显著差异。因此,文化产业也是人们对产品创意性需求创新的产业。

创意产品是突破常规思维形式的最终结晶。在文化产品中产品的创意性非常重要,这也同时表明了创意是人类劳动价值的体现,文化产品所特有的文化特征总是与社会历史、时代发展和民族特征密不可分的,因此了解一个文化产品需要了解社会的历史性和背后的民族特征。这一规律已经在马克思的经济学思想中得到了体现,马克思就是从商品的历史性、民族性等方面入手分析商品经济规律的。文化商品具有文化性和经济性的双重特征,也是社会发展的文化传递形式。在文化人类学的视域下,人类文化多元性背景决定了文化产业的发展总是带有民族的烙印。在充分认识人类文化发展多元性特征的基础上分析文化商品使用价值的多重可能性及导致多重可能性的社会文化根源,分析文化产品的价值构成特征的过程也是分析文化产业发展实质的过程,对于认识社会发展的轨迹具有重要现实意义。

一、文化商品的价值基础

人类活动的本质属性在于创造。人类发展的过程就是在不断创造新文化的过程。因此，文化产业发展的过程是人类社会发展的必经过程和一种必然形式。在经济社会的发展中，生产过程的发展就是不断地再生产过程，但是任何的劳动过程都不能是重复性的建设，在再生产的过程中，要发挥人类的智慧，重新构建商品中各种要素的组成和结构，促使产品在形态和使用价值上都产生新的变化。同理，创意在商品上的体现本质上是通过新的思维促使产品的架构和要素得到重置，增加其价值的过程。因此，文化的发展总是与创意存在千丝万缕的联系，总是相依相存的。但在商品创意的发展过程中，虽然人民认同创意的重要性，但是在再生产的过程中加入创意性的劳动却得不到重视。在分析劳动特征时，伴随经济社会发展，劳动的定义早已经不是简单的体力劳动，人们对事物的分析、比较、总结得出的一些经验规律的过程显得更加重要，创意成为指导简单劳动的思想性活动。因此，现代商品的发展过程中，创意性劳动具有独特的价值。

文化商品的出现，代表了人类社会对创意这种劳动在价值领域内的认同，对文化产品的认可并使其发展也带动了文化产业的发展。劳动价值论是对人的智慧特征的认可，人类的商品特征中必定是包含了人类智慧的产品。人类发展的社会性要求现代产品不仅要满足人们的物质需求，从更高的发展层次讲，更要注重文化产品的生产，满足人们日益增长的文化产品需求。人类的需求是物质和文化的多重需求，文化产品的出现正好满足了人们在文化方面的需求。相比普通的物质性产品，文化产品更多的是在于其传递了人类对精神内容的追求，是社会发展文化特征的体现，也是人类社会发展更高阶段的必然体现。

二、文化商品使用价值的文化多样性前提

人类社会发展衍生的文化呈现出多样性特征。文化商品的这个多样特性在生产和消费两方面都得到了很好的体现，并且在商品的价值和使用价值方面也呈现出多样性

的特征。人类的经济活动形式带有社会性的特征，这是由人类群体特性决定的。因此，在文化商品方面也蕴含着人类商品的经济和社会性特征两方面的内容。前面讲到，商品已经不能仅仅局限于满足人们的物质需求，人类在精神层面的需求日益显现出来，文化商品的需求日益增加，研究表明，人们对于产品的需求，处于基本的生理需求外，更多地表现为心理方面的满足，比如身份、地位、权力等方面的体现。因此，人们基于自身的心理需求特征，对商品的使用效用和满意度评价方面存在差异性。这种差异，在短期或者小范围内表现为消费者个体的需求差异，但当放置于经济社会的发展中来看，不仅仅是个体的差异，而是人类社会不同文化世界的差异表现。当处于不同文化背景的人们对文化产品的消费产生差异时，表明不同文化社会的产品存在差异，这时就产生了对不同文化产业的冲击影响。

现代社会的发展不仅仅是物质方面的，精神文明的发展更为重要。通过提出问题、解决问题，不断发掘创新，出现新的商品形式等是对人类不同领域的物质文明的贡献，对文化商品的创造性改进更是对精神世界的发展贡献。不同类型文化上的进步不仅促进了文化产业的发展，而且更促进了整个社会精神文明的发展。因此，文化创意产品是经济社会发展的又一体现。

第二节　文化消费

一、从文化资本积累的角度看当代文化消费

1. 文化消费是促进人类文化资本积累的主要途径

布尔迪厄认为，文化资本的主要作用在于促进个体的人生发展，文化消费可以实现人的文化资本积累。

第一，文化消费能体现个体的日常文化观，促进诸如品位、趣味等个性化的内容发展，正是这类消费带动了个体在阶层上的差异。一个家庭甚至一个家族的文化消费

的习惯有利于形成一种家族文化。家庭在文化消费中表现出的消费习惯能形成消费惯性，并形成固定的文化消费氛围，形成下一代的文化消费品位。不同类型的文化消费之间形成差异，同类文化消费的人群更容易实现融合，这进一步拉大了文化消费之间的阶层差异。这样看来，文化消费偏好直接影响人格，形成文化资本积累，发展一种良好的偏好就显得颇为重要，因为这有利于培养与主流社会、主流群体一致的"共同语言"，进而积累有助于阶层上升的人际关系。总之，文化消费能从个体影响扩大到家庭影响直至社会影响，有利于培养一个社会的主要文化氛围和文化基调，有助于社会发展，并能提升整个社会阶层的文化品位。

第二，文化消费也可以形成物质资本形式，并且文化资本也可以以物质资本的形式实现代代相传，形成家族文化积累。但是需引起注意的是，像购买书籍、文化艺术品等购买消费并不是真正地实现文化资本积累。对文化产品实现了购买过程，并不意味着实现了文化消费。文化消费需要消费者具备一定的消费能力，这里并不是指的购买能力，而是消费者能具备吸收和学习这类文化产品的能力，并且通过文化消费提升自身和家庭的整体文化鉴赏能力，提升文化消费层次，形成对文化产品消费的习惯性影响，这种从购买到学习、吸收的过程才是真正意义上实现文化资本以物质资本形式的代代相传。

第三，文化消费是获得和积累体制形式文化资本的最有效途径。体制形式的文化资本通常是指个体的受教育程度即所获得的学位和相关职业技能资格等。文化消费是获得这类资本的最重要路径。研究表明，文化消费的投资越大，个体所能获得的体制形式的文化资本也就越大，这类文化积累有利于整个家庭和后代的文化消费能力的提升。

2. 文化消费是加速产业文化资本积累的重要途径

根据经济学理论可知，消费可以直接拉动生产，文化消费同样可以直接地拉动文化产品生产，促进文化产业发展。文化产业的发展可以带来文化资本的积累。

第一，文化消费可以直接促进文化产业发展，推动产业资本积累，并且促进文化产业的再生产活动。文化产业的利润主要来自消费，文化消费活跃将带动文化产业利润增加，增加的利润一部分用于购置相关的原材料，另一部分用于文化产品创意设计，文化产品的生产条件改进等，促进新的文化产品出现，实现利润循环。另外，文化消费的利润水平也是能够增加投资的重要衡量标准，良好的盈利可以吸引更多的投资，投资带来的资本增加，可以更好地为文化产品创造基础条件，带动文化产品的创新发展，反过来又促进了利润增加。因此，文化产品消费的繁荣程度决定了文化产业的资本积累程度。

第二，文化消费的方向能引导文化资本的投资方向，并促进文化产业结构和产业链的优化发展。文化产品的供应方要加强产品的销量就要吸引消费者，并根据消费者偏好、消费趋势及消费特点等供应相应的产品。所以，文化商品供应的过程就表明了文化产品消费市场的变化趋势。文化投资的决定也是根据市场行为产生的，只有适合消费者需求的文化产品才会得到投资。因此，适应市场的文化产品更容易吸引投资，并且伴随投资的增加，适应市场的文化产品发展带动了文化产业结构不断优化。这种文化消费、生产、投资产业链的良性协调发展，带动了文化产业结构、文化产品供应和文化产品的需求，实现了良性互动，不断地促进文化市场繁荣发展。

从本质上看，广义的文化产业链是"文化+"消费链。文化产业是一系列相关产业的链条式发展形成的，是文化产业不断加深和文化产品不断创新升级发展的结果。

二、从文化资本转化的角度看当代文化消费

1. 文化资本可转化为社会资本，文化消费具有社交功能

布尔迪厄在《资本的形式》一文中论述道："资本不同类型的可转换性，是构成某些策略的基础，这些策略的目的在于通过转换来保证资本的再生产（和在社会空间占据的地位的再生产）。"因此，文化资本可以放在整个社会的角度去分析，文化资本的转化形式也被界定出来，当产品的生产和消费相互促进时，文化资本可以体现出经济资本和社会资本两种形态。

根据布尔迪厄的资本转化观点，文化资本转化为社会资本的形式主要可以分为以下三种转化模式：第一，文化资本如果表现为人格形式，则可以体现为一些习惯形式，

并形成共同的文化基础和社会阶层情况,因此形成了阶层形式的社会资本。第二,如果文化资本的形式为物质文化资本,则这类资本体现为实体的物品,如购买的艺术品、书籍等,这类物质产品不仅代表了购买人的品位和文化基础,而且也代表了购买人的经济实力和阶层地位,形成了一定的文化产品交流圈层。因此,文化资本在一定意义上转化为了社会资本。第三种形式的文化资本体现为体制形式的文化资本,这类资本通常是一种制度化的资本表现形式,比如通过文化产品的消费,实现了一定的学历和职业技能,获取了一定的社会地位和社会阶层,直接将文化产品的消费积累成制度形式的文化资本,再通过社会地位的获取实现文化资本到社会资本的转变。此外,在制度化的文化资本过程中,还产生了很多的隐形效应。比如在获取特定的社会地位或者进入特定的社会圈层以后,一些隐形的福利待遇、机遇、礼节等得到了提高,这种提升也带来了文化消费品位的提升,又形成了反向促进关系。但是,这种转化不是外在体现出来的,因此在分析文化资本到社会资本转化的过程中称为文化资本转化的隐形形式。

由以上分析可以得出,文化消费可以带动文化资本积累,再通过文化资本对社会资本的转化,实现其社会功能。

经过文化消费向文化资本的三种形式的转化,资本积累得到实现,文化消费通过消费功能实现了文化资本增加。文化消费的主要转化形式主要体现为对教育方面的文化需求。文化需求的消费主要是基于个体兴趣爱好的发展,或者是通过共同的文化意识形态,形成一种社会阶层关系,得到一定的社会阶层地位,实现社会资源的积累,并实现社会关系巩固。

2. 文化资本可转化为经济资本,文化消费能够繁荣文化产业

从社会学和经济学角度出发分析,文化资本都具备了转化为经济资本的条件和表现形式。布尔迪厄从社会学角度出发,认为文化资本在个体中表现为一种人生资本,通过这种资本可以得到更好的社会经济地位,实现更好的收入和社会福利。因此,文化资本通过社会关系实现了向经济资本的转化。思罗斯比从经济学角度出发,认为文化资本本身就具备经济特征,文化资本可以直接投入和运用到文化产品的生产过程中,

创造更多的文化资本积累。

学者们已经认同文化资本可以转化为经济资本,那么转化为经济资本之后,作用主要体现在哪些方面?第一,从表象上看,文化消费是购买了相应的文化产品和文化服务,但是从深层次来看,文化产品背后蕴藏着丰富的文化内涵,文化创意通过消费的形式实现了资本积累,形成了创意价值资本链。第二,文化消费是一种带动性和相关性消费,在消费文化产品的同时也带动了相关产品的消费,加快了文化相关产业发展,并促进了产业资本链形成。第三,文化消费为文化生产带来了资金转化,通过将文化产品转化为文化资本,实现经济资本积累。所以,文化消费带动了文化产业在创意资本链、产业资本链、资金资本链三方面的发展,促进了各方面的融合发展。文化消费成为文化资源资本化和产业化运营的最关键一环和最直接动力。

第三节 文化创意相关概念

文化产业的发展在全球范围内产生了巨大的影响,为经济发展提供了发展动力和支持。尤其是一些发达国家,在物质经济发达的基础上文化产业发展为经济发展提供了新的动力支持。因此,许多发达国家把文化产业作为一个国家的战略性产业。文化产业的发展逐步成了世界经济发展的一种崭新表现形式。在文化产业的发展过程中,文化创意产生了重要的引领作用,创意决定了文化的发展方向,并且通过创意促使文化产业实现结构优化和质量效益的提高。文化资源的丰富、文化产业融合、文化资本的积累,这一系列的发展都与创意密不可分。此外,文化产业的发展也离不开相关产业创意的发展,相关产业的发展对文化产业产生了技术外溢效应。因此,创意是文化产业的核心力量,对文化产业的发展起到了决定性作用。

一、文化产业、创意产业和文化创意产业内涵的界定

英国学者大卫·赫斯蒙德夫把文化产业定义为"与社会意义的生产最直接相关的机构"。美国学者艾伦·斯科特则基于文化服务的产出和作用来对文化产业进行定义,

认为基于娱乐、教育和信息等目的的服务产出，以及基于消费者特殊嗜好、自我肯定和社会展示等目的的人造产品的集合就可以被定义为文化产业。中国学者胡惠林则认为文化产业是由生产和消费组成的一个有机整体，它是一个系统性的产业。综上，从国内外的学者定义可知，文化产业的定义通常都是从狭义的角度出发的，关注的是其内部蕴含的文化意义。

英国最早提出了创意产业的概念，创意产业在英国的经济发展中、在理论经济学的相关领域都产生了深远的影响。英国学者约翰·霍金斯就认为它是经济全球化背景下的产物，以创造力为核心竞争力，个人或者团队依靠自身的技术或者创意去带动产业的发展，形成新的知识产权或者是经营新模式。由此，创意产业被定义为一个以脑力创造为主要优势地位的创新性产业。澳大利亚学者约翰·哈特利考虑将新媒体的力量作为创意产业的主要发展动力，通过创意将个人和工业生产结合起来，产生了生产和消费者之间的互联。同样，澳大利亚学者斯图亚特·坎宁安则认为，从本质上来看，文化产业和创意产业没有区别，创意产业可以创新新经济中的价值，可以实现单纯的媒体、技术等无法实现的效用。总之，学者们对创意产业的定义不仅考虑了文化本身，而且更重要的是从人的创造力出发，挖掘更深层次的创意产业含义。并且在研究创意产业的过程中，不只分析其对当前经济的影响，而是更加关注创意产业对未来经济的影响。

文化创意产业的定义和包含的范围都处于不断地更新的探索中，国内外学者没有对其形成统一的观点。但是学者普遍形成共识的是，文化创意产业是由产品和服务两类组成。世界知识产权组织给出的定义汇总认为，文化创意产业的所有活动都应该是围绕知识产权进行的活动，这些活动可能包括创造、生产、制造及传播等活动，这些活动的核心都应该是围绕知识产权进行的。联合国贸易和发展会议在《创意经济报告》中也认为，文化创意产品由货物和服务两种形式构成，都是以创意为核心的。这类产品在生产过程中包含了大量人类创造力和创意。

文化创意产业在中国也得到了学者和政府的重视，并在理论和政策运用方面都得到了新的发展。中国人民大学金元浦教授认为文化创意产业是以经济全球化为背景产生的,是为满足人们的精神文化需求而产生的,通常是以技术手段作为支持,通过媒体等手段的配合实现经济和文化融合的一种系统性产业。总之,文化创意产业是一个与多种技术相关的产业,并且涉及许多相关行业的发展,从综合角度考量并对其进行界定,被认为是一个普遍的趋势。

然而,在实际经济社会中,经过观察不难发现,图书馆作为文化机构,图书馆界对外化创意产品的认知和分析也处于较狭窄的层面。比如,近年来图书馆学者对文创产品停留在实体物质层面,没有挖掘其背后更深层次的产品的文化内涵。虽然有个别研究提出,文化创意产品的研究应该从物质形态和非物质形态两个方面考量,但是仅仅提出了这样两种分类,没有指出非物质文化形态产品的具体内涵和如何分析,其认知还是停留在表层。面对这种困境,可以从国家和各地政府的一系列发文中找到相关的分析方向,政策汇总发现,不仅重视物质文创产品,而且更加注重非物质形态文创产品,,提出要加快促进文创产品和相关产业的融合发展。但目前,能真正开展文创产品的图书馆还不是很多,国内做得比较好的有国家图书馆或几个省级图书馆,它们在发展文化创意服务产品同时,重视将文创与旅游融合起来,推出了系列研学游服务。

通过分析国内外对文创产业的研究进展,我们可得出文创产业内涵的一些要点。文创产业是以创意为核心动力,通过文创产品与相关产业的融合,促进人类经济世界的发展,并最终促进经济社会发展的新兴产业。文创产业大致可以分为三种类型:第一种为生产文创内容的,这类主要包括产品制造、电影产业、音像产业等;第二类主要体现为传播宣传服务,对相关的文化创意产品(或服务)进行传播服务,包括营销业、出版产业、传媒产业等;第三类是文化创意产品(或服务)生产和传播过程中的软硬件服务,包括技术发明、音响录制、电影放映、图书印刷等方面。这类内容中需要相关产业技术的支持。通过以上对文创产业的概念的国内外发展情况和相关的分类进行总结,可以得出如下结论:

(1)从文化层面去定义和划清文化创意产业的起源、内涵和相关外延。人类文明的不断进步促进了文化创意的产生与发展,但文创产业依赖于经济社会的发展,以经济发展为基础。在市场经济环境下,文创产品的发展关键是市场需求,市场的需求决定了其发展形势和方向，经济技术手段等是其发展的辅助力量。在发展过程中，文创产业的商业化运作又有可能对文创产业产生一定程度的负向影响。过度的商业化把文创产品的文化内涵冲淡了，增加了商业气息，掩盖了文创产品的本意。因此，文创产业的发展过程中，商业化运作是发展手段，但要合理运用，要将文创产业立足于文化基础之上。

（2）文化创意产业的起源最早可以追溯到几百年前的文化、意思等表达形式。从属性角度分析，文创产业最早起源于一些零星的文创行为，随着专业性和技术性的增强，逐步发展成为系统性的产业形式。从经济角度分析，文创产业是由许多相关产业系统组成的，这些产业在文创产业之前便已经产生并发展起来。

（3）文化创意产业的内涵包含了精神价值、道德信仰、文学艺术、生活方式等多种文化层面；通过融入人类的创意来激发影视、出版、传媒、设计、广告、动漫、游戏、互联网及音乐、舞蹈、美术等文化艺术形式的生命力，融合文化与科技、信息、旅游、体育、农业、金融相关产业形式等，形成的一种系统性的产业形式。总之，文化创意产业是包含了人类创造力的多种相关产业形式共同融合发展形成的。

（4）文化创意产业的核心是创意。从外延内容，文化创意内容可以分为三种类型：文化创意产品的生产、传播、生产和传播所需的软硬件支撑。以创意为核心的文创产业突破了传统的三次产业的划分，使产业门类在创意核心下进行融合发展。以创意为核心的外延不断延展，会造成文化创意产业外延无限放大的问题。伴随文创产业外延的扩大，也会导致文创产业范围的无节制扩大。所以，在对文创产业外延进行界定时，不仅要考虑自身的概念，而且也需要结合国家的产业发展状况和发展规划，这样才能对国家的文创产业做出适合国情的界定。

二、文化创意产品的内涵与外延

文化创意产品是一类特殊的产品。它主要是为了满足人们的精神需求而产生的。主要特征表现为：一是开发和利用现有的文化资源，二是存在一定数量的消费人群。

在文化创意产品市场中不仅是要生产相关产品，并且还要保障产品能满足消费者的精神与生活需求。文创产品是对文化产品的创意性发挥，通常的文创产品是可以重复升级和利用的，因此文创产品还具有重复发展的特征。对文化资源的利用和开发程度与消费者自身的文化产品消费能力密切相关，对消费者的文化产品消费能力进行深入的了解和分析，对于分析文创产品发展具有重要现实意义。

文化创意产品的内涵是丰富的，涉及多个方面，主要是指满足人们精神需求的、包含创意因素的各种文化产品的集合。这类产品通常具有民族特征和社会文化特征。伴随文创产品的深入发展促进了文创产业的发展。通常可以根据文创产品对人类精神的满足分为四种类型。第一种称为核心类产品，是满足人们的精神需要的性质，比如满足审美追求。第二种称为形式产品，主要指满足人们精神需要的实现方式。第三种为期望产品，主要考察产品满足人们精神需求的程度，人们对其效用的满足程度。第四种为延伸产品，主要指文创产品带给消费者的附加效用，比如是否提高了人们的审美层次。

文化创意产品的外延我们主要从层次和国别分类尝试理解。

1. 从层次上分类

从产业链的上、下游关系及产品的创新程度上分析，文化创意产品有三个层次上的分类，也是其外延的重要实现形式。从上游和下游产业关系出发，结合产品的创新程度，通常将文创产品分为三种类型。这也是其产品外延上的体现形式。首先，产品包含了以思想性、创新性为主的核心产品，包括新闻、出版、报业、文艺演出等，由于产品具有原创性的特点，在满足消费者的需求方面产生了良好的反馈。第二种是外围产品，这类产品通常是对文创产品的一种衍生体现。形式主要有音像、电信、旅游、娱乐等，采用思想、文化、创意的方式满足消费者的精神需求。第三种是延伸产品，具有文化创意的非兼容性和非排他性的多重特征。例如，园林绿化、会展、工艺品等。尤其是产品的非排他性，消费者的使用数量并不影响其他消费者的使用，大大提高了文创产品的消费者效用，也提高了文创类产品的社会效用，对提高整个社会的文化发展发挥着重要作用。

2. 从地域上分类

由于每个国家的国情存在差异,因此决定了文创产品在起源、发展方向、表现出的特征和发展的重点等方面在各国之间存在差异。因此,各个国家对文创产品的定义也存在显著差异。要深入分析文创产品的外延,必须依据不同国家的国情对文创产品进行分析。例如,英国由于其经济的发展程度带来的精神产品需求较早,因此英国也就成了最早提出并发展创意产业的国家。英国主要关注以设计为核心的创意产品的发展,并且重视高技术产品在创意产品中的应用,其主要关注的产业包括广告、音乐、出版等方面。从美国的文创产业来看,主要体现为版权特征。美国依据这一特征将文创产业分为了四个类型。一是核心版权产业,包括图书出版、文学创作、音乐、摄影等。二是相关的交叉版权产业,行业外延为电视机、收音机、录音机等。三是部分版权产业,行业外延为服装、珠宝、家具博物馆等。四是边缘版权产业,包括大众运输服务、电信、网络服务等。在各分类过程中注重文创产品的知识性特征。由于日本这个国家在动漫方面发展迅速,不仅在自己国家中占有很大市场份额,而且在欧洲国家也占据较大的市场份额,成为其国家的文化特色。因此,日本将文化创意产业分为内容产业、休闲产业、时尚产业等。这种分类方式体现了国情特色,也符合自己国家的经济发展特征。我国的文创产业分为文化艺术、广播、影视、网络服务、广告设计服务、休闲娱乐、旅游等多种类型。从类型和层次上,从国家经济发展程度上我国的分类方式都有助于文创产业的明确发展。为明确文创产业的发展提供了理论支撑,同时也为有关文创产业学科的发展奠定了理论基础。

第四章　文旅融合中的公共图书馆探究

第一节　文旅融合的背景

一、文旅融合是国家发展战略深度调整的重要选择

中国经济经过改革开放后40多年的发展，无论经济总量，还是经济结构都发生了翻天覆地的变化。当前，我国的经济发展已逐步进入深度转型期，同时，外部环境的不确定风险也在逐步增加，如贸易战、世界经济增速放缓等。2018年世界GDP增长率按购买力平价（PPP）计算约为3.7%，按市场汇率计算约为3.2%，全球经济增速正在放缓。这些因素都对我国外贸经济的发展产生了不小影响，对国内实体经济也形成了一定压力，而文化和旅游产业的持续快速增长为当前经济结构的深度调整提供了新的战略空间。根据数据统计，2018年全球旅游产业持续保持增长，旅游总人次数达到121亿，增幅达5.0%，旅游总收入也达到5.34万亿美元，约占全球GDP的6.1%，增速也达到3.1%。同时，在经济拉动方面，文化旅游产业的比重也在持续提升。根据世界旅游组织相关数据显示，全球文化旅游产业对经济的驱动力不断增大，很多国家的文化旅游拉动占40%，欧洲的一些国家则已超过50%，甚至更高。我国文化旅游产业的发展也处于快速增长区间，文化和旅游产业已经在我国国民经济中占有十分重要的地位。因此持续加大国内文化和旅游产业的扶持力度是进一步深化和优化我国产业结构的重要举措，是发展经济、增加就业的有效途径，也是提高人民群众整体生活水平的重要措施。

二、人民群众对基于文化的旅游品质要求持续提升

近年来,文化和旅游需求正逐渐成为人民群众新的需求增长点,且增速较快。人们在具体的旅游方式的选择上也正在发生深刻变化,不再单纯以"拍照打卡"的方式参观旅游景点的外在景观,而是开始更为深入地去体验不同文化的内在魅力,注重文化因素的挖掘和感受,在旅游参观中学习和了解各种文化知识,感受民风民俗,最大程度地体会旅游中的人文之美。中国青年报社会调查中心2019年年初进行的一项调查显示,在2003名受访者之中,有87.7%的旅游人群体验过文化旅游,在参与的各类文化旅游项目中,有65.8%的受访者参与过旅游所在地传统文化故事相关的文化旅游项目,有58.2%的受访者参与过当地民风民俗有关的文化旅游项目,有44.7%的受访者参与过文学影视艺术作品有关的文化旅游项目,在受访者中对"能深入参与或体验的文化旅游产品"感兴趣程度最高,占比达60.5%。这些调查数据充分展现了人民群众对文化旅游的品质要求正在不断提升,单一的旅游观景已不能满足人民群众的需求,与文化紧密结合的旅游产品正得到人们的热捧,文化正成为旅游服务产品中越来越重要和独特的元素,成为人们旅游服务消费的重点。

三、文旅融合是实现"诗和远方"完美交融的有效途径

从古至今,文化和旅游一直保持着密不可分的关系,古人也常常用"读万卷书"和"行万里路"来表达文化和旅游的对应关系和内在联系。2017年,联合国世界旅游组织对"文化旅游"的概念进行了重新界定,提出了文化旅游的基本动机是学习、发现、体验和消费旅游目的地的物质和非物质文化景点,这些景点包括艺术和建筑、文学音乐、文化创意、生活方式、价值信仰等当地特有的因素。当前,国内文化和旅游主管部门对所在地文化和旅游资源均进行了系统梳理,但由于我国文化和旅游长期属于两个独立的行政部门,各自为政,文化系统专注于文化服务,旅游系统擅长于市场推介,两方资源无法进行深入交融,即便有一些文件的出台,也多流于形式,为融合而"融合",彼此的向心力不强,融入深度也不够。国家将文化和旅游两个部门进行整合,组建文

化和旅游部，在组织机构、人员配备、业务职能等多方面进行了系统整合，为文化和旅游的交融提供了强大的基础保障。同时，相关部门前期已对各自的文化和旅游资源进行挖掘和梳理，形成相对完善的资源产品链，但在文旅融合新背景下的资源梳理则仍可进一步深挖和整合。原旅游服务资源由于缺乏对应的文化服务专业力量，旅游服务的深度有待深化，同样，原文化服务资源由于缺乏相应的专业推广能力，文化服务的广度有待拓展。文化和旅游的结合是"诗和远方"完美交融的过程，文化可以更好地走向"远方"，旅游可以更有"诗意"，文旅融合也将进一步拓展文化和旅游各自的内涵和外延。文化中加入旅游，使文化增添了翅膀，让文化走得更远；旅游中加入文化，使旅游沉淀了品质，让旅游更富深度。2018年联合国世界旅游组织发布的《旅游与文化协同作用》的报告中指出，文化和旅游是相互依存的共生关系，旅游和文化相互交融、互为一体的过程，不但赋予了空间移动的旅游以文化内涵，而且也使各类自然风光、人文古迹、历史名胜、文化场馆、艺术中心等物质性文化场所和文化遗产、民风习俗、文化节庆等非物质性文化元素通过旅游活动得以展演传承，并发扬光大。文化和旅游融合是一个相互渗入、互为支撑、协同并进和深入融合的过程，是推进文化和旅游高品质发展的必然要求。同时，文旅融合还将发生十分强大的经济效益，为文化旅游资源所在地带来更多的发展机遇。

四、文旅融合是实现社会主义文化大繁荣的战略需求

2009年，原文化部和原国家旅游局联合印发了《关于促进文化与旅游结合发展的指导意见》，提出文化和旅游的结合要从构建社会主义和谐社会的高度出发，并明确了"树形象、提品质、增效益"的目标，积极落实措施，加强文化与旅游结合，最终推动社会主义文化大发展大繁荣。

文化是内核，旅游是载体，文化和旅游的深度融合是实现社会主义文化大发展的重要途径。文化与旅游融合，一方面文化元素融入旅游，有利于提升旅游产业的品位，促进旅游产业发展方式的转变，实现旅游产业由量到质的转变，从而推动旅游经济的全面发展；另一方面，旅游产业向文化服务的空间拓展，为文化消费创造巨大的市场

空间，为文化保护与传承提供有力支撑，为弘扬我国优秀的传统文化、革命文化和传播社会主义先进文化提供了巨大机遇。文旅融合对于中华民族优秀传统文化的发扬、革命文化的传承和社会主义先进文化的弘扬具有十分重要的推动作用。传统文化与旅游产业的融合发展，为中华民族优秀传统文化的发扬光大提供了新的动力，有助于扩大传统文化的传播渠道。同时，各类以中华优秀传统文化为核心的旅游产品、文艺演出和文创产品等正逐渐趋于产业化发展，使中华优秀传统文化深入渗透文化旅游各类产品及服务之中，使人民群众在消费各类文旅产品及服务时能深刻体验中华优秀传统文化之美，让人们"润物细无声"地、无意识地感受到优秀传统文化的魅力。

第二节 文旅融合的内涵

一、文化的内涵

何为文化？学界从不同视角对文化进行了解读，经典文化理论学者认为文化的实质是"人化"，凡是人类有意识开展的与自然界和社会相关的一切活动及结果都属于文化，既包含物质文化也包含精神文化，涉及物质、制度、精神三个方面，形成物质、制度、风俗习惯、思想与价值四个层次。基于哲学视角的学者则认为文化有广义和狭义之分，狭义的文化更加侧重于以社会意识形态为主要内容的观念体系，涉及政治思想、道德素养、艺术宗教和哲学理念等思想意识领域；广义的文化是指人们在改造客观世界过程中所展现的人的本质，是人类创造的"人工世界"及其人化形式的那一面。文化是人们在改造客观世界过程中形成的多层次、多类型的成果，表现为物质性的和非物质性的两个方面。同时，文化还表现出几个明显的特质。首先，文化是与人及人的活动息息相关的，所有文化都是人们在改造世界过程中形成的，并且又会反过来影响人们的思想和行为。其次，文化根据内容形式分层分类。根据文化的内在核心差异，文化可以分为不同的层次，如物质层、制度层、行为层和价值理念层，随着层次的逐级变化，相应的文化影响方式和表现形式也会发生变化。最后，文化还表现出影响的持久性和深远性。文化一旦通过各种形式表现出来，并固化后，其影响时间往往是长远的，其影响力往往是深远的。就如同中国的许多优秀传统文化对国人已持续影响了上千年，仍然充满活力，仍广为人们所尊崇，也仍将继续影响和激励后来的人们。

在我国，自古以来便对文化有着较为深刻的理解。在古代汉语中，"文"的本义，指各色交错的纹理，《说文解字》称："文，错画也，象交文。""化"，本义为改易、生成、造化，指事物形态或性质的改变。如《庄子·逍遥游》："化而为鸟，其名曰鹏。"《易·系辞下》："男女构精，万物化生。"《礼记·中庸》："可以赞天地之化育。"归纳起来，"化"同时又引申为教行迁善之义。"文"和"化"合成"文化"联合使用，乃是"人文化成"一语的缩写，此语出于战国末年的《易经·贲卦象辞》："刚柔交错，天文也；文明以止，人文也。观乎天文，以察时变，观乎人文，以化成天下。"这里的"天文"是指自然现象，也就是由阴阳、刚柔、正负、雌雄等两端力量交互作用而形成的错综复杂的自然界，也即天道自然规律；"人文"是指社会生活中人与人之间纵横交织的关系，如君臣、父子、夫妇、兄弟、朋友之间的人伦社会规律。作为治国者应该通过"观天象"来了解时序的变化，通过观察人类社会的各种现象，用教育感化的手段来治理天下，使天下之人均能遵从文明礼仪，"行为为止、其所当止"。西汉刘向《说苑·指武》中指出："圣人之治天下也，先文德而后武力。凡武之兴，为不服也；文化不改，然后加诛。"晋束晳《补亡诗》中也讲道："文化内辑，武功外悠。"从上述的定义中可看出，在中国古代，固有的文化概念属于政治范畴，其内涵是国家治理的一种方式，一种非暴力的治理方式，是"以文教化"的思想体现，这种方式不是动用国家暴力机器来实施对国民行为的控制，而是运用国家宣传机器来开展对国民的精神训导和思想教育，由此来实现统治者对国民的思想统治。

中国学者梁漱溟曾这样定义文化，"文化是为人生活所依靠之一切，俗常以文字、文学、思想、学术、教育、出版等为文化，乃是狭义的。我今说文化就是吾人生活所依靠之一切，意在指示人们，文化是极其实在的东西。文化之本义应在经济、政治，乃至一切无所不包"。

文化的概念体系中，文化产业成为重要的组成部分。文化产业是一种特殊的文化形态和经济形态，更确切地说，属于文化经济学的范畴。作为一个经济概念，产业的产生和发展是一个历史的过程，它随着社会分工的深化和生产力的发展而逐步形成和演变，是一个具有部门、行业、业种等多种层次的经济系统。

二、旅游的内涵

何为旅游？旅游是不同国家、不同文化交流互鉴的重要渠道，旅游不同于文化，但又和文化息息相关，旅游是人类社会发展到一定阶段后的产物，是人类需求得到进一步提升后才出现的高层次的人类活动。结合世界旅游组织对旅游的描述，是人们出于休闲或其他相关目的，而到其非惯常环境下生活和游玩的行为，感受当地自然环境和人文风俗等，一般停留时间不超过一年。而《中国旅游文化大辞典》也认为旅游是人类社会经济和文化发展到一定阶段的产物，是旅游者开展的一项以领略自然神韵、汲取文化精髓为主要目的的高雅文化实践活动。这种旅游常表现为以文化为主要特征的综合性社会活动，具体从人们的"行、游、住、食、购、娱"等六大要素上获得具体的旅游体验，感受旅游所在地的自然物质环境和社会文化风俗双重文化，是集物质文明和精神文明为一体的活动过程。

旅游是一种社会现象，是随着人类社会经济发展而演进的。世界著名旅游未来学家约曼曾经提出，"旅游是世界上重大经济成功的故事之一，这个故事就像时光一样，既没有开头，也没有结尾。这是一种被创造出来的现象，因为它的复杂性，它难以限定。一言以蔽之，时光开始的时候，旅游也开始了"，它是"人们离开惯常生活的环境，外出旅行和短期逗留并返回原住地的所有现象的总和"，或者说是"非定居者的旅行和暂时居住而引起的所有现象及关系的总和"。

旅游表现出几个重要属性。首先，旅游是高层次的人类需求活动。旅游不是最基础的生存需求类活动，而是更高层次的人类需求，是人类求新、求异、求美的综合表现。其次，旅游和文化紧密联系，相辅相成。旅游最重要的目的就是感受不同的文化，这个文化既可以是有形的自然文化，也可以是无形的精神文化，还可以是外化的行为文化等,这些文化都是旅游的重要组成元素。同时,丰富的文化也将推动旅游内容的扩展,提升旅游的内涵和品质。最后,旅游还是一种重要的经济业态。旅游一直是一项重要的经济来源,不同区域,尤其是旅游资源丰富的地区已将旅游作为一项重要的产业带动地方经济发展,因此也使旅游具有鲜明的市场属性和经济特性,广受地方政府重视。

三、文化旅游融合的内涵

文化和旅游既是相生相长的一对亲密伙伴,如何才能更好地结合,彼此促进,切实推进文化和旅游的有效融合是当前理论学术界和政府部门顺待解决的问题。随着人们对文化和旅游内涵的深入认知,也使得文化和旅游的发展越来越多地联系在一起,要想做好旅游,没有文化就没有灵魂,同样要想做好文化,没有旅游就没有翅膀。

文旅融合,并不是简单地把"文和旅"简单拼凑在一起,而是要真正理解融合的内涵。事实上,当前各界对"文旅融合"的含义理解是较为模糊的,到底"文旅融合"讲的是"文化和旅游"还是"文化产业和旅游产业",抑或指的是"文化旅游""文化旅游产业"也未可知,又或者说是"文化和旅游的产业融合",这些内容全凭各自的理解。

1977年,美国学者罗伯特·麦金托什和夏希肯特·格波特在《旅游学:要素·实践·基本理论》一书中首次提出"旅游文化"的概念,引发学界关于文化旅游的思考和讨论。而在1966年,联合国教科文组织的《信使》杂志在第12期为联合国第一个以旅游为主题的"世界国际旅游年"活动发了专刊,其头条文章的标题是"文化旅游:尚未开发的经济发展宝藏",首次提出了文化旅游发展的经济意义,当时所强调的是如何通过发展文化旅游业来保护文化遗产和促进当地社区获得经济收入,引发了各国学者对文化旅游的关注。33年后,联合国教科文组织的期刊《信使》在1999年7—8月合刊中设定了《焦点》专栏,其标题是"旅游与文化:融合的反思",讨论在文化旅游发展过程中出现的新问题、案例和解决方案,规范文化旅游的发展。同年10月,世界旅游组织发布了《全球旅游伦理规范》,谈到了如何在旅游的发展和融合过程中保护文化。

从前文的论述可知，旅游活动是一种社会现象，是特殊群体（旅游者）的社会活动及其影响的总和；而文化亦是人类在社会发展过程中创造出来的所有财富的总和，特别重要的是精神财富。这两种现象同时具有模糊的外延，其内涵又似乎无所不包，很难从自身进行统一的规范。2017年，联合国世界旅游组织对文化旅游进行了重新界定，认为文化旅游的基本动机是学习、发现、体验和消费旅游目的地的物质和非物质文化景点。文化旅游景点涉及社会独特的物质、文学、精神和情感特征，包括艺术和建筑、历史和文化遗产、烹饪遗产、文学、音乐、创意产业、生活方式、价值体系、信仰等。这一定义也并未真正阐明文化旅游融合到底是什么，但是却向人们展示了文化和旅游之间存在着紧密的联系：旅游的过程就是文化传播与推广的过程，文化事业的发展能够激发旅游产品的开发创新。

我国学者关于文化和旅游关系目前比较集中的观点有：一是"灵魂载体说"，即认为"文化是旅游的灵魂，旅游是文化的重要载体"；二是"诗和远方说"，如张玉玲的《文旅融合：奔向诗和远方》；三是"资源市场说"，如"从经济和产业角度讲，文化是旅游最好的资源，旅游是文化最大的市场"，等等。另外也有学者提出"文旅融合"是一种以传统旅游业为基础的新型"旅游+"产业模式，推动"文旅融合"发展是满足人民群众消费需求、促进旅游产业与文化产业转型发展的必然选择。

四、文旅融合的维度

在文化和旅游融合的维度上，理念融合、职能融合、产业融合、市场融合、服务融合及交流推广融合，是业界广为认可的六大融合维度，以此推动文旅资源共享、优势互补、协同并进。学术界也有观点认为，文化和旅游之间存在三个层面的关系，一是文旅产业的"全面融合、一体发展"；二是公共服务的"边界清晰、相互带动"；三是在艺术、科技、法规、政策、管理等方面要"明确主线、加强支撑"。

同时，文化与旅游融合也需面对多种挑战和障碍，具体如利益相关者的目标差异、各级政府之间的协调困难、确保旅游收入流入文化产业、利益相关者之间的文化差异、新技术在文化旅游中的应用、促进文化和旅游利益相关者的接触、建立强大的文化旅游品牌等。

文旅融合，到底融什么？怎么融？这是当前文旅研究领域面临的重大课题。根据国外相关经验，文化和旅游的融合，大多聚焦在文化产业和旅游产业的融合，其基础包括非物质文化遗产、物质文化遗产与当代文化，而主要的融合模式有开发型融合、体验型融合、活化型融合、保护型融合、创意型融合、重组型融合、延伸型融合等。表6-1中所展示的是国外典型国家对于文旅产业融合的具体经验做法。表中内容显示出，文旅融合更多的是利用旅游资源，挖掘其所具备的文化内涵，从而更好地发展其文化旅游业，由此促进文化和旅游的融合共生。

表6-1 国外典型国家文旅产业融合经验做法

国家	文旅融合类型	经验做法
法国	家庭农场、教育农场、自然保护区、家庭农园等	出版专门的宣传和指导手册，促销乡村旅游；推出农庄旅游计划，使大批农家建立家庭旅馆；鼓励农民参与开发，加强培训引导
日本	观光农场、市民农园、农业公园、乡村休养、交流体验等	农产品直接销售，提高乡村旅游对当地的带动效应；经营者成立行业协会，提高行业自律、管理和服务水平；注重活动的参与性，实现科普教育、亲近自然、修身养性的目的
西班牙	度假租住屋、山乡游乐、农园观光与体验	注重主客交流和生活方式的体验，游客可与农场主人共同生活；经营形式多样，农场范围内，游客可以把整个农场租下，自行料理生活的事务；重视文化的复兴和传统习俗的渗透，保持乡村旅游的独特魅力
意大利	农场度假、农场观光、乡村户外运动、乡村美食	根据资源特色，推出专题旅游线路；成立旅游协会和行业互助组织；农业部门对乡村旅游进行资助；政府的干预机制与市场经济相整合
美国	观光农场、农场度假和家庭旅馆	鼓励农牧业生产者加盟行业协会或组织；政府在资金和政策上予以支持，提供优惠贷款或补贴等；制定严格管理法规；发挥非营利组织作用

目前，国内学者对于文化产业和旅游产业融合的方式主要状况为两种：

第一种是文化+旅游=文化旅游（文化旅游业），也称为"1+1=1"的融合模式。基于文化产业和旅游业的特殊关系，两业融合可形成一个新的旅游业态。这种融合其实由来已久，而且随着时代的发展，经历了多次变化与提升，不断赋予新的理念和内容，形成了多种不同业态和发展模式。世界旅游发展的实践证明，这种融合是非常成功的，并得到了联合国世界旅游组织（UNWTO）和联合国教科文组织的认可。文化旅游是一种基于寻求或分享新鲜而深刻文化体验的特殊兴趣旅游，不管这种体验是美学的、知识的、情感的，还是心理上的。文化旅游是以文化作为吸引物的特定旅游形式，其活动与某种文化形态相关联，是文化和旅游融合最为成功的发展模式。

第二种是文化/旅游+其他行业的合作，也就是"1+1=2"的跨界合作。基于文化产业和旅游业均为独立的产业，却又有着明显的包容性，文化产业和旅游业均可以分别与其他产业进行跨界合作，增强产业自身和共同的发展空间及竞争力。也就是说，文化和旅游的融合是这两个产业实行融合的一个部分，是最应当实现融合的一种方式，但绝非是唯一的方式，无论是文化还是旅游，仍存在许多与其他产业融合的方式。没有必要用"文旅业"涵盖所有与其他产业融合的方式，文化旅游业不是旅游业的全部，自然旅游也是非常重要的旅游方式，同样也会发挥其经济功能和其他功能。

如前文所述，我国当前所提出的文旅融合，不仅仅限于文旅产业的融合。旅游和文化在社会发展过程中都不再是新现象，都有着巨大的发展潜力和广阔的市场，但又都不是纯粹的产业，有着明显的社会功能，具有"事业"属性。在19世纪中期，英国人托马斯·库克创办了世界上第一家旅行社，其是近代旅游业的开端，但迄今为止学术界对旅游业是否是真正的"业"仍存在着质疑的声音，一些国家似乎更愿意把旅游业称作business(商业)，而不是industry(产业)。同时，旅游和文化的产品也都具有一定的公共产品性质，二者更多的是满足人的精神需求，不是必要消费品。文化元素是旅游业和文化产业的共同基础资源，但旅游资源范围更加广泛，除文化元素之外，还包括自然现象，更具有无限性和不确定性。文化产业发展过程主要是人的创造与加工，人的智力、才能、创造力起着非常重要的作用，一般对原有资源不造成直接消耗，文化产业的发展需要大量的人力资本和金融资本投入。此外，旅游和文化产业的政治性较为突出，二者与价值观、道德规范及国家安全等方面均有关联，其发展会对国家形象和"软实力"产生影响，因此会受到国内外多方面政治因素的制约。

旅游和文化作为产业，其发展过程中还要与其他各个行业之间相互作用，进而充分发挥文化在旅游发展中的作用和旅游业在整个社会经济发展中的作用，不应把文化旅游业局限在文化旅游产品或景区建设的简单范畴。正因为文化和旅游有着上述的特性，在文旅融合的维度上，其所涉及的范围才更为宽泛。基于当前我国文化和旅游行政职能机构融合的基础上，以文旅产业、文旅市场、文旅服务、文旅交流等为主要融合维度，"以文促旅，以旅彰文"，从思想上打破文旅的边界，才是文旅融合未来发展的正确方向。

第三节 文旅融合的理论基础

一、产业融合理论

传统上的产业概念，可视为在一定分工组织下，对应某种特定产出结果的一系列存在共性生产方式的集合。产业融合的出现，一方面打破了这种传统的生产方式与产出结果间单一的对应关系；另一方面，融合使原有的产业分工组织形态发生了改变。产业融合化发展，可以破除产业间的条块分割，加强产业间的竞争合作关系，减少产业间的进入壁垒，降低交易成本，提高企业生产率和竞争力，最终形成持续的竞争优势。

从文旅融合的角度来看，当前文旅融合的基础维度还是文化和旅游产业内容的融合，包括基于产业边界的扩展和分工理论的研究体系。从产业边界的扩展来看，文化产业和旅游业都可以扩展其产业发展的边界，在文化和旅游产业内部进行融合发展，也可分别与其他产业进行跨界合作，增强产业各自发展的空间和竞争力。同时，进一步细化分工内容，从文化和旅游的发展体系中，以社会化分工的手段和方式，强化共享合作，尤其是基于数字经济时代、共享经济时代，以科技创新的手段，拓展"互联网+"的分工内涵，重塑分工内涵，进而形成文旅产业融合发展的基础。

二、文化变迁理论

文化变迁的理论历史可以追溯到原始社会早期，相关研究的理论学派众多，最早的学派是古典进化论学派，代表人物为英国人爱德华·伯内特·泰勒和美国人路易斯·亨利·摩尔根。泰勒认为,人类文化史是"自然历史的一部分,甚至是一小部分,我们的思想、愿望和行动与那些支配着波的运动、化学元素的化合及动植物生长的规律相适应"。泰勒认为,文化依次发展的各个阶段,把人类从最落后到最文明的各族及其文化连成一个连续的序列。在这一序列的两端,可以分别设定为蒙昧的部落和文明的民族,由此可以建立起一种"文化的标度",使得我们可以根据文化水平的不同来安排各种社会在这一标度上的位置或顺序。此外,泰勒还划分了文化进化的三个主要阶段,即原始未开化或狩猎采集阶段;野蛮的以动物驯化和种植植物为特征的阶段;文明开化的、以书写艺术为开端的阶段。摩尔根作为美国文化人类学的奠基人,他在泰勒研究基础上对原始社会进行了更为详细的分期,将原始或蒙昧和野蛮这两个时代又分别划分为低级、中级、高级三个子阶段;其次,他指出划分每一阶段的具体标志,即所提出的"生产技术和生产工具的发明和发现",也是划分人类社会发展阶段的重要标志,无疑是符合历史唯物主义观点的。他阐述道:"人类中最先进的一部分,当其处在进步过程的某一阶段时,似乎停步不前,直到出现某一项重大的发明和发现,如饲养家畜或熔化铁矿之类,才产生一股新的、有力的向前迈动的冲动力。"此外,斯宾塞对文化的"军事社会"与"工业社会"之分、迪尔凯姆的"机械团结"和"有机团结"以及滕尼斯的"共同体"与"社会"二分文化阶段,都是古典进化论中对于文化变迁的理论理解。

美国学者朱利安·海内斯·斯图尔德认为文化是人类适应其自然环境的结果,环境不同,文化也不同,"文化的各项具体的层面之中几乎没有一样会以规律的系列出现于所有的人类群体中"。斯图尔德对埃及、美索不达米亚、中国及中安第斯山这几个被称为文明摇篮地区的考察发现,它们的环境都是干燥或半干燥的,也因为他们都以铁器之前的技术利用环境,似乎暗示人们以相似的方式解决相似的问题。但异于流行的想法,这种环境并没有对它们文化的发展成为阻碍,反而刺激了文化的发展,因为干燥性的土地用掘棒去灌溉耕耘土地非常容易。这五个地区不仅经历了相似的演化顺序,而且发展阶段也大致相同。这些阶段就是狩猎采集、雏形农业、形成期(乡民社区至国家)、区域性的繁荣国家、初期的帝国、黑暗时代、循环性的帝国征服、铁器时代的文化、工业革命。相比之下，一样缺乏铁器的人在开发赤道雨林、北方硬木林与草原地区时会遭遇更多的困难。这些研究体现了斯图尔德的多线进化论观点，他的文化变迁理论主要包括：①应将"生态适应"（人类利用生产技术开发环境资源以谋社会生活过程）的观念作为新典范；②将社会组织从文化模式的束缚中脱离出来，看成是独立的研究对象；③追求因果解释；④使用跨文化比较法；⑤恢复了演化概念的地位，并独创多线进化论，将人类学的目标从个相的理解变为共同的发现。

此外，对文化变迁理论的研究学派还有传播论学派，其代表人物是弗洛贝纽斯，他通过确定文化特质起源和传播途径，从传播角度解读文化的相似和差异性，认为文化的采借多于发明。他认为文化变迁的过程就是传播的过程，极力强调借用的重要性，断然否认了人类的创造能力，在文化传播过程中，不会自发进行，也不会任意传播到任何地方，它受传入方和传出方文化特征和社会历史条件的制约。文化变迁理论中，还有历史特殊论学派，代表人物博厄斯，他认为每种文化都有自己的历史价值，不能简单地去评价某一种文化比另一种文化更高级；此外，还有功能学派，代表人物马林诺夫斯基，他认为文化是满足人们生活需要的一种途径，等等。也有学者认为，文化和文化变迁都是一种社会现象，当文化产生出来后，其中一部分会改变人们的经验和生活方式，另一部分，则以文化变迁的形式进行演变，其发生在一定的社会环境和社会文化背景当中，同时受到社会因素的影响和制约。

从文化变迁的理论视角来看，文化和旅游的融合也是一种文化类型的变迁，其在文化发展过程中，确定了文化和旅游融合的必然路径。同时，在文化变迁的视角下，把文旅融合看成是一个时间和空间的组合，其一方面受到时间维度的影响，自身发生融合和推移，另一方面，其在空间上也会出现主动的融合。

三、场景理论

21世纪前后，以芝加哥大学特里·克拉克教授为代表的研究团队提出研究城市发展动力的新范式：基于文化与都市设施对城市发展的影响，提出城市研究的"场景理论"。通常而言，场景包括5个要素：①邻里社区；②物质结构，如城市基础设施；

③多样性人群，如种族、阶级、性别和教育情况等；④前三个元素及活动的组合；⑤场景中所孕育的价值。

场景理论最初是研究场景和城市发展的理论，其是一种全新的区别于传统的停留在土地、资金、技术等生产要素层面研究城市发展的模式。文化场景理论聚焦于城市中一系列文化生活便利设施及设施背后所蕴含的文化和价值观，并提出文化场景所蕴含的文化价值观是吸引人力资本、推动文化消费实践，而且进而重塑城市形态的新型动力。场景不仅强调特定的文化活动具有显著特征的地方，还包括蕴含其中的文化和价值观。在场景理论的研究范式下，场景构成了社会环境的一部分，并通过一定的方式影响公众行为，最终推动城市发展。

该理论把对城市空间的研究拓展到区位文化的消费实践层面，在对纽约、洛杉矶、芝加哥、巴黎、东京和首尔等国际大都市研究后发现，都市娱乐休闲设施的不同组合，会形成不同的都市"场景"。不同的都市场景蕴含着特定的文化价值取向，这种文化价值取向又吸引着不同的群体前来进行文化消费实践，进而推动区域经济社会的发展。这正是后工业化城市发展的典型特点，其重点研究的对象为剧院、影院、酒吧、餐馆及各种俱乐部等，他们试图探讨这些都市设施是应该向城市中心区域集中，还是分散到城市的郊区，哪个更能推动城市的发展。格莱泽研究了都市亚文化与种族、性别、阶层如何产生关联，这种关联对邻里关系和都市区域产生哪些影响。克拉克研究了音乐、艺术、剧院等所形成的复合体如何促成了都市生活。丹尼尔探讨了后工业社会的城市如何吸引优秀的人才，这些人力资本如何推动城市发展。研究发现，不同的都市便利设施吸引不同阶层的人群：适宜温度、好的天气和安静的山区环境对老年人吸引力较大，而剧院、酒吧、影院和餐馆等区域对大学生吸引力较大。克拉克用便利设施和移民模式来说明城市郊区在政治文化方面发生着深层次变化，尤其是新政治文化的崛起；同时，强调文化艺术活动促进了当地经济的发展，而消费对城市发展的重要性也开始逐渐超越生产，作为文化活动的载体——都市便利设施，以及由此带来的愉悦消费实践驱动着城市的发展。

场景理论研究的客观结构体系要依托于具体的文化设施进行综合建设，以消费为基础，以生活文化娱乐设施为载体，把空间看作是汇集各种消费符号的文化价值混合体；同时，也聚焦于人们的文化消费行为的选择及背后所体现的文化、情感、态度、价值观等主观认识。通常，主观认识体系由三个主要维度——戏剧性、真实性、合法性构成。其中，戏剧性是关于表演的，而且有一定的表演逻辑，它不是一般和特殊的逻辑，而是内部与外部、传统与反常之间的逻辑；真实性讲述的是个人存在的来源，真实的你来自哪里；合法性关注道德判断的基础，以及作为判断对错根据的权威。15个子维度由奢华、亲善、反抗、仪式、张扬、本土、种族、国家、团体、理性、传统主义、超凡魅力、功利主义、平等主义、自我表现构成。

芝加哥学派认为，作为消费者（非居住者或生产者）去"捕捉"个体对周围空间的情感体验，大致可以从三个广义维度去把握。具体来讲，只要我们能够完全理解特定空间里的消费设施蕴含着特定品位和价值，那么，我们对场景的辨认和测量就成为可能，作为消费者有三方面的倾向：①令人快乐的外观（外表），个体自我呈现的方式，即个体努力创造在别人眼中属于自己的形象，即戏剧性；②同一性所产生的乐趣，真实自我与本地风格是否具有同一性，排斥还是接受，否定还是赞扬，即真实性；③符合信仰和道德所带来的快乐，当局对个体评价做出错或对的裁决，即合法性。从这个层面来理解城市空间，已经完全超越物理意义，上升到社会实体层面。尤其需要指出的是，场景理论不排斥以生产和人力资本为主建立起来的理论，它承认在二者功能的前提下，增加消费的维度，即从消费、生产和人力资本三者来解释都市社会。在后工业社会里，它引导学者们进行理论视角的转移，即由生产转向消费；它把不同社会符号或纽带（邻里关系、阶级、社区等）中的个体（居民与劳动者）当作消费者。正如"社区"这个概念的运用一样，它揭示着个体围绕生老病死所展开的各种实践活动组成的符号意义。同理，"场景"这个工具将会揭示各种消费实践活动的符号意义。

第四节　文旅融合的政策基础

旅游"热点"培育是尤为重要的,它需要与文化相互结合起来才能真正实现价值的增长。《文化部国家旅游局关于促进文化与旅游结合发展的指导意见》特别强调了促进二者相互融合的基本理念:"建立在文化基础上的旅游才更具内在的价值魅力"。建设知名度较高的文旅品牌,提升文化旅游产品的创新力度,以农村旅游为基点进行文化产业的发展融合,大力宣传红色旅游都是文旅融合的典范。所有与品牌建设、个性化发展、消费拉动经济的创新性行为都应该坚决贯彻这一基本理念。需要注意的是,这里的"文化"内涵是较为宽泛的,具有创意的产品、多样化的"文化建设与服务"等都是文化资源的重要内核。

要将文化发展与旅游业的建设结合起来,充分挖掘博物馆、非物质遗产等在创意旅游、体验旅游及乡村旅游等方面的文化创意产品的价值。引导文化旅游与数字文化发展紧密联系起来;进一步扩大文旅演出的实践范围,让更多的品牌发挥其带动效应;让"多彩民族"绽放其多元化特色,让具有当地特色的多样化村落绽放各自的文化魅力。

一、指导培育文化旅游消费新热点

(1)以平台为依托,带动旅游业深化发展。可以举办一些展览会,利用大型活动进行消费热点的培育。

(2)打动旅游消费业进一步发挥力量。要对知识产权有一种明确的保护意识,真正体现出地方特色旅游品牌的影响力。要加大对老字号品牌的宣传,将当地具有区域特征的商业模块建设起来,支持区域餐饮、主题餐厅的影响力进一步拓展。

(3)强化消费市场的培育力度。要抓住当地具有特色的旅游区域,围绕消费者的需求进行市场的培育。让更多有条件的区域利用消费节、文化节、时装周、电影节等丰富文化生活,真正打造与国际接轨的,具有较高质量的文化展会。和周边地区建立紧密的联系,促进文化娱乐活动的丰富化,进而推动当地的经济发展。

二、强化提升文化旅游产品品质

（1）文旅演艺。让一些有条件的旅游地和艺术团建立紧密的合作关系，真正创造出具有发展特色的、艺术水平较高的剧目。

（2）节庆旅游。利用当地的一些特色品牌，把品牌所具有的节庆特征充分挖掘出来，让群众自觉参与其中，充分发挥这类文旅活动的影响效应。

（3）文化旅游。以古村落、文物古迹、各级展览馆、美术馆、书法馆、地方特色艺术厅为依托，开展各种各样的旅游文化建设，使当地的旅游文化影响力迅速扩大。

（4）体验旅游。体验旅游近些年来的影响力逐年扩大，动漫、影视、娱乐游戏等都可以作为体验旅游开展的重要基础。

（5）娱乐业。打造旅游与娱乐结合的多样化模式，让景区旅游与娱乐活动相互结合。同时，还要充分发挥新技术对娱乐旅游业的促进作用。发挥品牌的影响效力，打造各种各样的主题公园，建设真正有特色、有影响力、高质量的主题公园。

三、突出建设新型文化旅游功能区

（1）培育具有当地特色的、功能齐全的特色旅游区。要以地域文化为单元和基本组织，带动具有地方特色的功能区建设，让区域旅游更具特色，品牌建设能力获得进一步提升。

（2）构筑精品旅游带。围绕环渤海、长江、珠江、黄河流域、青藏高原及红色旅游区进行文旅区域的创建，突出特色文旅带的鲜明特征，打造结构布局合理、品质精湛的多元化精品旅游带。

四、打造红色旅游文旅融合重要形式

（1）以红色旅游为依托，促进红色旅游以更加多元的方式、更加立体的陈设进行精品创作，创作出更多的高品质作品。

（2）研学旅行。要充分利用各种各样的研学活动进行红色精神的宣讲，促进研学旅行的质量提升。

（3）红色旅游工程。以红色景区为基础，真正彰显出它的教育价值，让红色旅游成为脱贫攻坚的重要引领。

（4）基础设施建设。将红色旅游的设施进行类别划分，关注基础设施建设实际，优化配套服务，进行红色资源的区域整合，将其与爱国主义教育、社会主义教育相互结合，发挥精神引领的作用。

五、加强旅游工艺品（纪念品）创意设计

（1）建设具有中国特色的商品品牌。要关注商品的创业，使其文化价值充分彰显出来。要发展系列化商品品牌构建，让更多优质的红色资源能够与各大码头、车站、机场等商业区域等建文紧密的结合。支持上述区域商场范围的扩展，建立线上销售通道等。

（2）丰富特色旅游商品。以创新为引领，带动当地旅游产品的形式创新、内容创新，开发出更多具有地方特色的多样态产品，让游客对其充满兴趣，加大对特色龙头企业、老字号品牌的投入建设力度，扩大宣传的范围。

六、坚持文化旅游扶贫相结合的政策方向

（1）乡村旅游扶贫。针对部分重点村要进行专业化的规划指导，增加培训的科学性，强化宣传指导，开展各种各样的公益活动，对每一个区域内的贫困户进行有针对性的支持，聚焦建档立卡贫困村，加大对这些区域的旅游扶贫支持力度。争取早日实现以乡村旅游带动当地人口致富的发展目标。对那些有特色产业的贫困村，要给予它们多方面的帮扶，争取实现旅游业年收入在当地经济发展中收入占比的逐年上升。

（2）红色旅游扶贫。红色资源是文化建设的重要依托，历史资源更是旅游文化建设过程中宝贵的财富。要利用这些历史资源进行文化建设，使当地的经济在文化引领下繁荣发展，真正实现红色资源对经济建设的引领价值。

（3）非遗产品扶贫。非遗产品是旅游资源中十分宝贵的组成部分，也是文旅开发的一个重点。对于那部分具有宝贵价值的非遗产品，要持续进行严格的保护，在合理开发的过程中进行适度开发，这些都能为将来的文旅事业发展奠定较好的基础。一些非遗属于表演类，对于这部分宝贵的文化资源，我们要注重将其原始样态保存下来。同时，还要对其进行科学的组织和编排，确保这些具有民族特色的节目能够真正拥有更高的经济效益。此外，要重视对文化生态资源的保护，以生态建设为基础，重点发展观光旅游，丰富文化娱乐形式，确保旅游活动与文化建设的深度融合。

（4）特色产业扶贫。特色产业对文化旅游发展的意义是重大的，要建设藏羌彝文化发展旅游项目，以具有民族特征的产业为建设的重点，深入推进旅游与文化建设的紧密结合。

第五节　文旅融合的发展路径

一、理念融合

理念是整个文旅融合工作的基础，真正实现文旅融合需要从理念入手，达成共识，实现最大化的融合发展。在具体理念上，围绕"以文促旅""以旅彰文"与"和合共生"三大理念进行。"以文促旅"是要认识到文化资源是旅游的核心要素，在旅游产品中融入文化元素，使旅游产品内在更加丰富，内涵更加丰满，使人民群众享受到更为优质的旅游服务。"以旅彰文"则是要认知旅游是文化传承与交流的重要载体，通过提供旅游服务，使文化资源得到广泛的传播，扩展文化产品及服务的受众群体和涵盖面，进而带动文化事业和文化产业的发展，更好地传播中华优秀传统文化、革命文化和社会主义先进文化，不断提高国家文化软实力和影响力。"和合共生"是要理解好文化和旅游两者之间的关系，文化是旅游的灵魂，旅游是文化的载体，两者之间相互交融、相辅相成、互相促进，文化和旅游之间通过相互借力，实现共生发展。

二、产业融合

文化和旅游产业的融合要充分整合两者产业优势,实现精准对接,形成新的增长点和发展方向。原先旅游产业的市场化程度较高,产业发展较快,并形成了较好的产业链和基础,而文化产业则相对起步稍晚,在具体的产业格局方面,也还处于不断探索和发展之中。文化和旅游的产业融合也为各自原先的产业发展模式提供了新的发展契机,旅游产业的内涵将更为丰富,文化产业的外延将更为多元。在文化和旅游产业的发展中,将进一步推动业态融合与产品融合。业态融合将深入运用好"+"模式,即通过"文化+""旅游+"和"互联网+"等方式,实现文化和旅游及科技的融合发展。产品融合则是通过对文化资源和旅游资源的挖掘和梳理,运用文化创意的形式,将更多的文化元素融入旅游产品中去,彰显文化特色和内涵,打造集文化创意、休闲旅游、研学游一体化的综合性文化旅游产品,更大程度地满足群众多元化的文化旅游需求。最终,形成打造文化和旅游消费的长效机制,培育文化旅游新热点,规范行业发展。

三、市场融合

文化和旅游市场经过多年的发展已形成了一套自有的运行模式,如何将文化市场和旅游市场进行有效融合,形成相互促进的整体,需要从市场主体和市场管理的角度进行整合。在市场主体方面,文化市场和旅游市场主体由于原先各自业务的差异性,在经营及服务的提供上相对独立,随着文化和旅游的融合,各服务主体也需要进行有效融合。融合的方式既可以通过企业间的合并,实现资源整合,业务扩张,也可以通过主体间的合作,构建文化旅游产业链发展模式,形成业务联盟或合作伙伴,打造更富有竞争力和活力的市场主体。同时,在市场监管方面,加大市场主体监管的融合,探索加强文化和旅游市场综合执法力度,加大文化和旅游市场的协调监管,在监管执法中促进文旅市场的有效融合,在市场的融合发展过程中再进一步改进和完善文化和旅游市场的执法监管。

四、服务融合

公共文化服务和旅游服务原先作为相对独立的服务内容,在性质上存在着一定的差异,公共文化服务更多地强调了公益性、基本性、便利性和均等性,而旅游服务则更多地体现了不同人群的差异化服务。在文化和旅游融合后,两者的服务也将随之发生调整和融合,具体通过公共服务设施、公共服务机构和公共服务资源等方面的融合,实现文旅服务的深度融合;在公共文化服务设施和旅游服务相关设施的配置上形成有效协调与融合;在公共服务机构的建设上充分考虑文化与旅游的需要,通过增加文化内涵和地方特色旅游元素,凸显文化旅游融合发展的魅力;在公共服务资源的配置上,充分考虑文化场所和旅游景区的协作,构建主客共享的服务空间。

五、交流融合

文化和旅游都是交流的重要形式,是地区与地区,甚至国家与国家之间增进友谊的重要途径。文化和旅游的融合也使得交流主体更加多元,交流渠道更加多样,交流内容更加丰富。在旅游交流中传播文化,在文化交流中做大旅游。文化和旅游的交流融合可以通过各类区域间交流的项目和活动,借助国内外文化和旅游交流机构,深入推动各项交流工作。同时,提升公共文化服务机构、旅游景区景点,以及旅行社、酒店、饭店等的交流沟通渠道和综合服务能力,积极传播本地特色文化和优秀文化,持续扩大本区域文旅资源的知名度和美誉度。

第六节 公共图书馆文旅融合的理论探究

一、保障公共图书馆的文旅融合服务发展的法律环境

保障公共图书馆的文旅融合服务发展的法律政策包括《中华人民共和国公共文化服务保障法》和《中华人民共和国公共图书馆法》。

2017年实施的《中华人民共和国公共文化服务保障法》中关于公共文化服务提出了明确的要求，要求各地方政府加大力度创建公共文化设施，全面推动优秀文化产业的发展，在此基础上实现全民科普及阅读；对公益性文化部门来说，在服务内容及项目上需不断完善，为公民提供一系列优惠甚至免费的服务；基层文化服务机构需要对优势资源进行有效整合，创建一套科学合理的服务体系，将自身服务职能充分发挥出去，为广大民众提供各种阅读等公共文化服务；地方各级人民政府应当将诸多方式进行结合，结合地方性特征提供有效的文化服务项目。

2018年正式实施的《中华人民共和国公共图书馆法》里面明确指出，在社会主义公共文化体系建设过程中，公共图书馆属于不可或缺的关键组成因素，未来任务就是引导全民阅读，其中公共图书馆发挥着相当重要的作用，它肩负的重要任务就是推广全民阅读，让全民都有机会享受阅读、爱上阅读。并且《公共图书馆法》提到"政府设立的公共图书馆应当将配套设施进行完善，加大数字化资源的创建力度，通过线下线上融合的方式进行信息共享，为社会公众提供优质服务"。当前的公共图书馆应该跟上技术和时代发展的脚步，不只停留在线下图书，还应在线上建立文献信息共享平台，从传统图书馆走向未来图书馆。

综上所述，文化和旅游部组建以来，不断推动文旅产业的发展，并相继出台了一系列文旅产业优惠政策，推动文旅产业深度结合和发展。在文旅融合的背景下及社会主义公共文化体系建设过程中，公共图书馆属于不可或缺的关键组成要素，责任重大，要全面参与到公共文化服务体系中，这也为公共图书馆和旅游行业融合提供了机会。

二、技术环境对公共图书馆文旅融合服务的影响

现代科学技术也将与公共图书馆紧密结合，推动数字图书馆平台和智能化服务建设。例如，广东与天津、山东等多省份公共图书馆展开长期合作，创建了新的文献上传方式，做到了咨询方面的无缝衔接，并且使公共图书馆覆盖全国所有省份。

人工智能产业规模不断壮大，在语音识别、机器视觉、自然语言处理、智能服务机器人、智能无人机等重点细分领域大有作为。国家图书馆在部分阅览室启动人工智

能服务、人脸识别借书等措施。例如，读者在完成人脸数据采集后，可通过人脸扫描进入中文图书阅览区，也可"刷脸"借书。今后，在5G解决万物互联问题后，为智慧图书馆带来的服务是无感借阅、超清全景互动直播、智念书房、精准推送、区域联盟服务协同等智能图书馆的5G应用场景。

三、我国公共图书馆文旅融合服务发展实践概况

（一）"图书馆+研学"紧密结合，成为新的学习方式

为推进公共图书馆向大众进一步开放，探索文化旅游融合发展新举措、新载体，近年来逐渐开始兴起研学旅行模式。"研学旅行"既包括游览、观摩，也包括深度学习、交流，是当代教育和旅游结合的新模式。

公共图书馆研学旅行服务给予中小学生一种新的学习方式。各个地区的图书馆积极开展研学旅游项目，设置环节丰富、内容充实的研学旅游，更多充实丰富的研学旅游项目正在规划进行中。国外图书馆开展的研学旅行服务形式多种多样，受到民众的热烈回应和积极参与，研学旅行服务为国内图书馆带来了一个发展的方向，让图书馆真正成为城市文化服务者。

（二）"图书馆+民宿"深度融合，增添民宿的文化底蕴

民宿属于国家倡导的旅游住宿新业态，民宿由民众自主打造，将空余的房屋打造成"梦想住宿屋""旅游休憩地"，众人发挥自己的想象空间，将打造的民宿以独具特色的面貌呈现给游客。当游客在旅行中，厌倦了千篇一律的酒店式装修后，对民宿的期待越来越大。一些民宿设置在深山、海边等地区，风景美丽，游客住进这类民宿后，可以不出门尽享风光。民宿在未来的旅游业中还将进一步发展。各地图书馆正是看中了民宿行业的发展潜力，民宿行业是服务游客的行业，将图书馆与民宿行业结合起来，既让游客在民宿中体验到图书馆的服务，也增添民宿的文化底蕴。该模式体现了公共阅读服务下沉，有利于推进全民阅读。

（三）"图书馆+网红"打造景点，吸引诸多游客前往

近几年，"阅读"成为一种时尚新风向。"腹有诗书气自华"被越来越多的人认可。

政府和社会开始关注图书馆事业的发展，图书馆成为彰显一个城市气质的地标之一，许多城市看重当地图书馆给城市带来的价值，建成了一批批建筑规模宏大、设计独特、融入新元素的图书馆楼宇。

"图书馆+网红景点"模式吸引了诸多游客前往观光、阅读，图书馆成为当代"时尚场景"，让众多民众向往。阅读活动不再是单一的翻书，而阅读场景使阅读行为更加丰富和理想，不仅带领当地民众发起全民阅读活动，而且也吸引游客前往体验。游客在旅游过程中渴望体验文化，因此会将网红图书馆当作旅行目的地。

第五章 公共图书馆文旅融合的理论与实践

公共图书馆的文旅融合不仅有利于其进一步发挥公共图书馆的阅读推广、社会教育等职能,更有利于其在新时期的转型与发展。在文旅融合的环境下,在景区、酒店、车站等地建图书馆,开展研学旅游活动,进行旅游宣传,提供旅游参考咨询,既为文旅融合发展在公共文化服务方面贡献了力量,也有助于公共图书馆自身的转型与发展。

第一节 国内外公共图书馆文旅融合的理论与实践探索

公共图书馆作为国家文化事业的重要组成部分,一直以来都承担着文化的保存与传承、公民的社会教育、信息获取与传递、文化交流与文化休闲等多种公共文化职能。在文旅融合的路径上,公共图书馆在其管理模式和服务方法上,已经进行融合和创新。

一、我国图书馆文旅融合的理论与实践

(一)我国图书馆文旅融合的理论

对于图书馆的文旅融合理论与实践,我国图书馆界学者早有关注。如 1985 年,伍永仁在《组织读者旅游搞活图书馆工作》一文中就提出了用旅游的方式进行文化传播的设想。王利伟也根据图书馆的文旅融合发表了数篇论文:1995 年在《论图书馆旅游功能的发挥》一文中,从旅游的游、购、娱要素及旅游资源等角度分析了发挥图书馆旅游功能的理论依据和实施策略;1996 年在《论中国大城市图书馆综合文化功能及其开发》一文中,分析研究了"大城市图书馆的文化娱乐功能",分别从休闲读物、艺术环境、娱乐活动等方面进行了阐述;同年在《图书馆管理导入旅游企业管理模式的若

干思考》一文中，分别对图书馆与旅游企业的管理方式进行了比较研究，建议图书馆管理引进企业管理的先进意识、管理方式、服务项目和手段等；2006年在《体验图书馆》一文中，分别论述了体验图书馆的理论与实践，从体验图书馆的角度提出了图书馆旅游的新视角；2008年在《当代城市图书馆的定位与图书馆建筑的软设计》一文中，定位了图书馆具备的文化休闲功能及其空间软设计中的"雅""闲""绿"等要素。

近年来，随着文旅融合政策文件的推出，图书馆的文旅融合研究也呈高速增长之势，对理论与实施策略的研究也频见于笔端。其主题集中于图书馆进行文旅融合的必要性与可行性研究、图书馆文旅融合的综合实践模式分析与研究、创新路径研究等方面。并且对各个文旅融合的细分模式也进行了详细的分析与解读。如柯平对主题图书馆建设的问题提出了思考；金龙、金铁龙、张巧娜等对图书馆研学游的模式及对策进行了分析。另外，对具体文旅融合案例的剖析、文创产品的开发、旅游信息的宣传等方面的研究也都屡见不鲜。

（二）旅游要素在我国公共图书馆服务中的融合

中国旅游学界于1987年提出旅游传统六要素为"食、住、行、游、购、娱"。多年以来，我国公共图书馆在服务读者的过程中，为了满足读者的多样化需求，实际上已经开始探索并实践文旅融合的道路。

1. "食"要素

从"食"要素来说，为了方便读者，就近解决读者的就餐需求，提供简餐、点心、饮料已经是很多图书馆提供的服务。如国家图书馆、上海图书馆、宁波市图书馆等都设有读者餐厅，重庆图书馆、太原市图书馆等开辟有咖啡吧和简餐区。图书馆的分馆、阅读点等入驻酒店餐厅，则是当代图书馆文旅融合的一种创新方式。如杭州图书馆的李白诗词文化主题分馆位于李白餐厅（杜甫店）一层，是杭州图书馆的第18家主题分馆，主打诗词阅读欣赏，其中还包括大量李白的诗词作品，是迄今为止首家入驻酒店的主题分馆，杭州图书馆这种"把图书馆搬进餐厅"的方式，是文旅融合的创新之举。

2. "住"要素

从"住"要素来说，部分公共图书馆已经把阅读点搬进了宾馆的大堂和客房，客户在宾馆可随处取阅图书,享受图书馆的借阅服务。如国家图书馆宾馆内的客房、大堂等处都设有书架,摆放图书,提供借阅服务;河南省洛阳市在洛阳东山宾馆、洛阳大酒店等10家酒店内设城市书房阅读服务点,每天开放时间不低于8小时,部分城市书房阅读服务点则24小时开放。还有部分24小时城市自助图书馆内提供阅览桌椅沙发等,以方便读者学习或小憩。

3. "行"要素

从"行"要素来说,公共图书馆在城市选址建设规划时一般都会考虑位置与交通要素,尽量邻近居民生活圈。如国家图书馆、上海图书馆等都位于地铁站附近,交通十分便利,很多城市公交车站与地铁车站都以图书馆名为站名,对公共图书馆起到了很好的宣传作用。将纸质和电子图书借阅延伸至公交、地铁等公共出行区域,是公共图书馆将图书馆开进百姓出行领域的另一创新途径。2015年1月,国家图书馆与京港地铁合作,发起"M地铁·图书馆"大型公益项目,也会定期组织各类主题活动,并长期免费提供优质的图书阅读资源,每年在地铁车厢内向公众重点推荐数十本可全本免费阅读的精品电子书籍。2018年4月,石家庄市图书馆与市轨道办合作建立的8个地铁(数字)图书馆正式开放,每个站点配备一台电子图书期刊借阅机、一台报纸阅读机,电子图书每月更新,期刊每日都会自动更新。2019年4月,石家庄市图书馆发布石家庄地铁(数字)图书馆的用户统计数据,在开放后的一年内,石家庄地铁(数字)图书馆的电子书共被下载285729册次,每个站点日均下载图书97册次。

4. "游"要素

从"游"要素来说,到图书馆旅游参观,或图书馆带领读者出馆进行研学游,都是常见的图书馆文旅融合形式。很多图书馆环境优美、建筑风格独特,已成为旅游景点。如北京怀柔小镇有一个篱苑书屋,是入选"全球18座最美图书馆"的书店,书屋外墙由4万余根柴火棍建成,依山傍水,古朴清幽。书屋内部采用钢与玻璃的混搭结构,室内采光由阳光透过柴火棒缝隙,自然天成。

5. "购"要素

从"购"要素来说,许多图书馆已经开发了独具地方特色的文创产品供读者欣赏或购买。2017年,"全国图书馆文化创意开发联盟"在京成立,截至2019年,联盟成员已达116家。各图书馆充分开发利用自身文献资源,发掘地方文化特色,打造自己的文创产品。如国家图书馆的"翰墨书香"智能书法文具盒是其"明星产品",文具盒内是国家级非遗传承人制作的笔墨纸砚和一套从国图金石拓片中选取的经典字帖。扫描字帖中的字,手机就会视频展示非遗传承人口述的非遗知识,书法家现场讲述汉字书法演变历史、故事及书法技法。在2019年国家图书馆建馆110周年之际,国家图书馆推出了一系列以"新文创新阅读"为主题的文创产品,如状元、公主的戏曲人物书签、钥匙扣、帆布购物袋、门饰花纹填色系列明信片、纸胶带、记事本、印章等,形式多样,文化色彩浓厚,深受读者喜爱。

6. "娱"要素

从"娱"要素来说,给群众提供文化娱乐的场所及活动也是图书馆的职能之一。图书馆电影放映、文学朗诵、文艺演出等多种活动形式,都为读者提供了文化娱乐。杭州图书馆的市民合唱团、市民朗读团、少儿合唱团既为团内成员提供了学习提高的机会和展示自我的舞台,也为广大市民提供了文艺欣赏的机会。在节假日期间,各图书馆一般都会举办多种形式的读者活动,给读者提供文化娱乐休闲的机会。如2019年国庆期间,安徽省图书馆举办了丰富多样的系列读者活动,包括"我和我的祖国"残联读者文艺展演、"乱云飞渡仍从容——庆祝中华人民共和国成立70周年诗歌朗诵会"、优秀国产红色电影连续七日展播、少儿假期主题阅读活动、馆员妈妈讲故事等,读者可以走进图书馆或欣赏精彩的文艺节目,或参加兼具知识性与趣味性的学习活动,这些活动集娱乐性与知识性于一体,具有休闲与文化的双重属性。

(三)公共图书馆以旅彰文的文旅融合模式

随着文旅融合相关文件及政策的密集推出,尤其是我国文化和旅游部门正式挂牌后,公共图书馆对文旅融合的理论和实施路径更加重视并积极探索,初步形成了自身各具特色的文旅融合模式,在文化宣传推广上取得了一定的成效,部分模式反响良好,十分值得推广。

1. "图书馆+景区"模式

在景区内建图书馆、分馆或流通点等,是目前文旅融合途径中"图书馆+景区"的常用模式。一方面,旅游景区有着公众参与多、传播范围广等优势,图书馆在景区落户,使大量游客成为了图书馆的潜在读者,有利于图书馆进一步开启阅读推广工作;另一方面,图书馆提供的针对景区读者群的特色文献资源,提升了景区的旅游品位,丰富了景区的旅游业态,拓展了景区旅游发展的空间。如重庆图书馆的重图两江国际影视城分馆、鄂尔多斯市图书馆的响沙湾旅游景区分馆、"最美基层图书馆"武汉汤湖图书馆等,都是各公共图书馆对"图书馆+景区"模式进行的积极探索。杭州西湖景区岳王庙内的"启忠书吧"由浙江省图书馆和杭州西湖风景名胜区岳庙管理处合作管理,读者可凭良好的"芝麻信用"记录免借阅证及押金借阅图书。书吧以岳飞为主题,另设杭州人文历史主题、中外经典文学主题及少儿文学书籍,丰富的岳飞主题藏书使读者可以详细地了解民族英雄岳飞的爱国情怀,弘扬爱国主义精神。浙江余杭区径山绿道图书馆则是另一家景区图书馆,该馆不仅设有公共阅读区域,而且还设有茶室及互动交流区域,方便举行各类讲座等活动。图书馆入驻景区,为景区读者提供图书借阅、讲座、文艺表演等服务,充分体现了文化创意,突破了景区观光赏景的单调旅游模式,不但增加了景区的文化内涵,而且还有利于文化深入基层群众,扩大了图书馆服务的受众群体和服务内容的覆盖面。

2. 图书馆酒店模式

在景区内或景区附近建设图书馆主题酒店,或在景区宾馆酒店内提供图书借阅等服务,是图书馆走进景区的又一形式。与宾馆酒店合作,由图书馆提供图书的统一采购、编目及配送,宾馆酒店提供空间设施、管理与服务,此举既提升了旅客体验,又提升了企业的文化品位,为宾馆酒店提供了服务增值,使宾馆酒店成为图书馆文化传播的拓展空间,成为文化传播的新载体,是图书馆与馆外机构实现资源共享的有益尝试。如浙江宁波高远文旅旗下的泊宁酒店(宁波城东店)是一家以"书香和阅读"为主题的酒店,该酒店邻近天一阁景区,宾馆大堂及客房内提供大量图书供旅客免费借阅,图书由宁波市图书馆提供,并可以在各借阅点通借通还。近年来,越来越多的图书馆或在酒店内设立阅读服务点，或在酒店服务区域内提供馆藏图书的自助借阅。图书馆酒店有效地利用了宾馆的设施空间和游客的闲暇时间，实现了资源共享与增值，是图书馆文旅融合值得推广的模式。

3. 民宿图书馆模式

民宿是国家倡导的旅游住宿新业态。在2015年发布的《国务院办公厅关于加快发展生活性服务业促进消费升级的指导意见》中，首次倡导发展民宿客栈等新兴住宿业态。在2016年国家发改委等10个部门制定的《关于促进绿色消费的指导意见》中，明确支持民宿工作作为政府工作重点。在民宿点建设图书馆，为民宿游客提供书刊借阅和休闲、交流空间，既可以提升民宿图书馆的文化品位，又可以提升游客的消费体验，为民宿产品增加了很大的吸引力，同时也拓宽了图书馆文化传播的范围和人群。如浙江丽水地区的图书馆人在图书馆建设与服务上勇于创新，2015年前后将书吧开进民宿，松涛与流水声中弥漫着书香气息，成为了丽水地区美丽的文化风景。云和县的漫享书屋——云上五天，是丽水地区民宿图书馆的典范。该书屋有云上图书馆、咖啡馆、美学教室等多个功能区间，读者可在书屋中阅读、品咖啡、做手工，享受学习、休闲、交流的乐趣。这些书吧为美丽的丽水乡村增添了浓厚的文化气息，使丽水地区成为享有盛名的文化休闲休养胜地。2016年，宁波市图书馆在东钱湖风景区旁的福泉心宿建立了首家民宿流动图书馆"墨沥书房"，提供数千册风俗旅行、传统文化、休闲养生等方面的图书供读者借阅，被誉为"山水之间的图书馆"。

4. 图书馆旅游模式

随着2015年中办、国办《关于加快构建现代公共文化服务体系的意见》等政策性文件的出台，公共文化领域成为财政重点支持的领域之一，各省、市、自治区纷纷出台本地基本公共文化服务的实施意见和实施标准，公共图书馆的建设和发展有了政策依据，各地纷纷新建图书馆。很多新建图书馆的建筑风格独特且充满创意，也有很多图书馆坐落在风景秀丽的自然环境区域内，吸引了大批游客。如2017年开放的天津市滨海图书馆，该馆从外部看起来像一个三维的巨大眼睛，号称"滨海之眼"，体现了"观乎人文，化成天下"的图书馆使命，一层内部中庭的巨大"眼球"意指"推动滨海发展的能量球",34级白色波浪形台阶寓示"书山有路勤为径",虚实相间的书架则意味着"书籍是人类进步的阶梯"。该馆自开馆以来,吸引了大量的读者和游客,成为国内的"网红图书馆",也是全球著名的文化旅游景点之一。2019年仅"五一"期间,日均接待读者就达2万人次。在《时代周刊》列举的100个全球最美的地方照片中,天津滨海图书馆高居首位。美国《财富》杂志认为该馆堪称书迷的终极幻想;《印度时报》也将该馆列为书迷旅行者的首选,认为它是一个书的宇宙。

在2015年开放的秦皇岛市北戴河新区国际滑沙中心北边的三联书店海边公益图书馆,被称为"世界上最孤独的图书馆"。该馆整座建筑注重采用自然光,使用玻璃天窗和落地窗,临海窗户旁设有座位,读者透过玻璃窗户,便可近观浩瀚大海,或沉思、或远眺、或阅读。

2015年12月8日建成的位于安徽铜陵市滨江生态公园内的码头书屋是铜陵市图书馆的阅读点之一,是八百里皖江首个将废弃码头改造成全民阅读点的项目。码头书屋的主体由钢和玻璃幕墙组成,采用了大跨度、大悬挑结构,整体建筑"悬浮"在旧码头之上,外观优美独特,内设三层,底层为原有码头空间,中层是书屋的阅览空间,顶层是观江平台。两座镂空的雕塑"李白饮酒"和"江豚嬉戏"可供合影留念。码头书屋现已成为了当地著名的旅游景点与文化地标。安徽省枞阳图书馆,亦称黄镇图书馆,位于旗山公园北侧,馆内设有枞阳名人展厅、黄镇纪念厅,可供参观游览。该馆为园林式建筑风格,与旗山、莲花湖、烈士陵园等景点融为一体,共同组成4A级旅游景区——旗山汉武文化生态园。该生态园风景区不仅体现了汉武文化及生态旅游元素,而且还包含自然风景、娱乐休闲、文化活动、休闲度假、红色旅游五大功能区。枞阳县图书馆作为景区重要的文化元素,也成为当地旅游景点之一。

图书馆作为旅游景点的角色当然也引发了争议,有人认为图书馆作为文化传播和交流的中心,以其建筑外观等外在形式为吸引力,淡化了其文化功能,忽视了读者到图书馆阅读学习的主要目的。其实不然,当代图书馆应具备多元化功能,不仅仅是教育和学习的场所,也是公众娱乐放松的场所,二者并不冲突。而且,图书馆以其美观独特的建筑外观或构造吸引游客到馆参观,再以丰富的文献资源、多样化的读者活动来进一步吸引读者,从而达到让读者真正了解图书馆、爱上阅读的目的,客观上扩大了图书馆的潜在读者群,不仅改变了图书馆在公众心目中古板守旧的传统形象,而且还提升了其内在活力。

5. 研学游模式

研学游是一种将学习、阅读和旅游结合在一起,通过图书阅读、实地观察、知识分享等活动,让参与者在阅读中学习,在旅行中体验的一种学习和旅游方式。我国研学游自2014年后发展迅速,据有关数据统计,在2018年我国国内研学游达到400万人次,市场规模达到125亿元,次均消费每人达3117元。

公共图书馆开展研学游,具备多种优势,主要体现为以下五点:第一,研学游既是一种教育和学习方式,又是一种阅读方式,是在学习的基础上以完成教育目标为目的的活动,是符合公共图书馆的社会教育和阅读推广职能。第二,公共图书馆拥有丰富的馆藏资源,具备将广泛阅读与旅游参观相结合的特殊优势,以阅读引起参与者对旅游的兴趣,以旅游加深参与者对阅读的理解,并进一步由旅游激发参与者进行深度和广度阅读的欲望。第三,公共图书馆拥有优良的专家资源,研学游是否能达到预期的学习教育目的,不至于沦为走马观花的形式主义,与导师是否有相关丰富的知识储备密不可分,一个优秀的导师不仅能使研学游参与者在旅游过程中获得丰富的知识,而且还能激发他们浓厚的学习兴趣。第四,公共图书馆具备良好的文化公信力,公益性公共文化机构的属性使其不以营利为目的,远离了商业利益,使参与者能充分信任主办方的公益性质,从而避免了商业纠纷,吸引大量公众参与,有助于活动的长期和常态化开展,有利于公共图书馆积累丰富的活动经验,不断提高活动成效。第五,公共图书馆拥有稳定的读者群,在公共图书馆研学游的实践中,活动一经推出,网上名额常常在几分钟内就被抢空,十分受读者的欢迎。这些都是公共图书馆作为研学游基地或开展研学游的优势条件。

公共图书馆参与研学游大体有两种方式。第一种方式是公共图书馆自身作为研学游的基地场所。图书馆具备丰富的文献资源,拥有多种形式的读者服务活动,承担着文献保存和利用、社会教育、知识交流、文化休闲等多种职能,因此不少中小学或高等学校等教育机构将公共图书馆作为研学游的目的地，可以组织学生参观游览和访问。参观者亲眼看到当代图书馆多类型的文献资源，集自动化、网络化、多样化于一体的服务形式，丰富的读者活动类型，改变了研学者对传统图书馆的刻板印象，对图书馆转型期的多元职能有了生动且深刻的了解。第二种方式是公共图书馆组织读者在阅读学习的基础上，到馆外相关景点或机构进行观察、访问、学习、体验，以直接的感官体验获得深刻的学习效果。与单一的文献阅读相比，研学者经过现场观察体验与导师的现场指导分析，对阅读学习的内容会有更直观、细致、深刻的理解，同时也会引发研学者进一步了解所阅读学习知识的欲望。早在2011年，国家图书馆就举办了"阅读之旅——北京中轴线"活动，该活动邀请著名的历史地理学家朱祖希为研学导师，带领30位研学者沿着永定门到鼓楼这条约7.8公里的"北京中轴线"，一路讲解了永定门、天坛、正阳门、故宫、景山、钟鼓楼等建筑的特色风貌及历史文化渊源。经过导师讲解与研学者的亲身观察体验，研学者感受到了古都北京的深厚历史文化底蕴和中国传统文化的丰富精深，对中国文化史、建筑史等都产生了浓厚的学习兴趣。上海虹口区图书馆则与区内著名的旅游景点合作，在每年寒暑假开展"小不点"走读虹口——海派文化寻访活动，承担起传播虹口海派文化的责任。虹口是海派文化的发祥地，在历史上出现了中国第一部电话、第一盏电灯、第一家正式电影院、第一个书局、第一个国人开办的新式学堂等，创造了国内15个"第一"。虹口区图书馆聘请文史专家担任顾问，并请历史建筑讲解员现场讲解，带学生走访1933老场坊、外白渡桥、上海大厦、浦江饭店、老洋房1913等具有海派文化特色的建筑，研学者听到了专家生动的讲解和答疑，现场观看并学习了虹口海派文化，增强了对虹口地方文化的了解，纷纷立志要争创更多科技与教育的"第一"。

目前，我国公共图书馆研学旅游服务还处于探索阶段，缺乏长期整体规划，图书馆界目前也尚未形成系统化、规范化的培训和引导体系，缺乏高端策划人才和运营管理人才，各图书馆也鲜有自己的研学游品牌。2018年，国家图书馆启动"文旅·融合·创新——首届海淀区研学旅游季""文旅·融合·创新——首届海淀区研学旅游论坛"，率先就相关政策、项目策划、师资培训等开展研究，起到了很好的学术引领作用。随着理论的深入研究和实践的不断积累,我国公共图书馆研学游服务将更加成熟与规范,从而形成有特色的服务品牌,吸引了更多研学者的参与。

(四)公共图书馆以文促旅的文旅融合活动

1. 以讲座活动宣传旅游文化

对优秀民族文化和地方文化进行宣传推广,是图书馆的重要职能之一。

地方旅游文化是地方文化的重要组成部分,宣传地方旅游文化是促进文旅融合发展的有效途径之一。读者对地方旅游资源与文化的深入了解,常常会催生旅游欲望,如学习古建筑知识可催生读者对古建筑群的参观欲望,对某个历史人物的研究会使读者产生对名人故居等旅游的兴趣等。公共图书馆通过讲座活动,在体现其社会教育职能的同时,还很好地传播了地方文化,滋生了读者的旅游兴趣,助推了地方旅游经济的发展。如湘鄂赣皖四省图书馆联盟,该联盟自2013年起联合举办"湘鄂赣皖四省公共图书馆联盟巡回讲座",邀请四省知名学者分别以"名人""名湖""地方戏曲""特色旅游"等为主题,到四省公共图书馆进行巡回讲座,对四省的地方文化和旅游资源起到了极好的宣传推广作用。2019年,山西、河南省公共图书馆加入联盟,引入了更多的讲座资源。再如安徽省图书馆,该馆举办的"新安百姓讲堂"被誉为"咱老百姓自己的讲堂"。新安百姓讲堂一直非常重视宣传推广安徽优秀地方文化,先后举办了"安徽戏曲系列""皖北文化系列""我们的合肥——历史人文系列"等讲座,传播安徽地方艺术、地方文化和地方史,生动有趣的讲座既引发了读者对地方文学艺术及历史文化的浓厚兴趣,也引发了读者对相关剧目和地方景观参观游览的欲望。"安徽人文讲坛"则每月在安徽省图书馆举办期,是安徽省传播与评析本省地方文化的重要阵地。如该讲坛曾举办"安徽茶文化""黄梅戏与民俗文化""话说宣纸""大合肥与环巢湖的山水情缘"等讲座,帮助听众深入了解安徽地方文化,使听众对地方茶文化、宣纸的制作工艺、黄梅戏涉及的地方民俗、合肥周边地市的风景名胜都产生了浓厚兴趣,对地方旅游经济的发展也起到了良好的推动作用。

2. 以展览活动宣传旅游文化

举办展览活动,也是当下公共图书馆文旅融合的重要形式之一。通过展览活动宣传地方旅游文化及地方旅游产品，融合了旅游的"行"与"游"要素，具有很好的趣味性，可以达到使读者边参观边学习，感受文化魅力，提高学习兴趣的目的。通过图片、实物甚至是现场表演等形式，可以直观生动地向读者展示和宣传地方旅游文化及旅游产品。以安徽省为例，展览工作一直是宣传地方文化的重要抓手。早在2014年，安徽省就举办了"非遗民间工艺品皖北四市联展"，取得了很好的效果。另外，对于安徽地方旅游资源，如黄山、西递宏村，也经常采用展览的形式，如采用摄影展等形式来进行地方旅游资源的宣传。

3. 以培训活动宣传非遗文化

非物质文化遗产是中国传统文化的重要组成部分，具有文旅融合的良好可行性。2019年3月1日，《国家级文化生态保护区管理办法》正式施行，明确提出了"应加强非物质文化遗产区域性整体保护，应依托区域内独具特色的文化生态资源，开展文化观光游、文化体验游、文化休闲游等多种形式的旅游活动"。2019年10月17日至22日，第七届中国国际非物质文化遗产节在四川成都举行，首次将非遗植入文旅市场，举办"非遗传承与旅游发展"国际论坛，推出非遗线路产品和非遗项目体验基地，18日启动全国非遗主题旅游线路征集活动，旨在推动非遗与旅游融合发展。在政策的支持与推动下，各地纷纷发布非遗旅游线路，掀起了非遗旅游的热潮。如成都在2019年国庆期间推出了10条成都"非遗之旅"旅游线路和40个非遗项目体验基地，包括熊猫基地、杜甫草堂、宽窄巷子等著名旅游景区，充分展示了蜀绣、蜀锦、成都漆艺等非遗地方文化。

公共图书馆在非遗主题旅游热的背景下举办非遗培训班，宣传推广非物质文化遗产，有助于助推非遗游的强劲发展。将非遗产品与文旅产业等紧密结合起来，让非遗产品市场化、创新化，使非遗与文旅市场相结合，能够真正得到传承发展的重要途径。如合肥市图书馆从2009年起，每年暑期都举办非物质文化遗产培训班，邀请非遗代表性传承人传授安徽地方非遗工艺，内容包括庐阳剪纸、庐阳珠编、庐阳棕编、庐州面塑、庐州土陶烧制技艺等。培训班注重读者参与，培养读者的动手能力与创新能力，非常受读者欢迎。通过这种文化体验，参加培训者对非遗产品及其衍生的地方文化产生了浓厚兴趣，有助于推动非遗旅游的发展。非遗文化具有鲜明的地方特色，这些培训也推动了图书馆在文化创意产品设计和营销上的创新，有助于图书馆非遗系列文创产品的开发。

4. 以网络形式宣传旅游文化

通过图书馆官网、微信公众号、抖音等模式在线宣传地方旅游资源，是当代图书馆文旅融合的常见形式。这些网络宣传模式受众范围广，往往会采用文字、图片、视频相结合的方式，形式生动活泼，易为读者接受。如广西桂林图书馆的微信公众号推出"走读广西·桂林之旅"专栏，解读桂林各乡镇村落的当地历史文化，领略当地风土人情，欣赏当地自然风光，体验并学习传统手工技艺。广东省立中山图书馆则在微信公众号上开展"宅家'云旅游'"答题比赛活动，鼓励读者有奖参与；"品读期刊"之"云旅游"活动采取美文朗读欣赏与景点介绍相结合的方式，给读者充分的视听享受。众多图书馆官网则提供在线展览和免费的数字资源，如安徽省图书馆网站提供"安徽旅游""安徽古建筑""安徽非遗"等视频资源，读者足不出户就可以对安徽地方旅游、古建筑、非文化遗产资源等进行详细的了解。

5. 为地方旅游经济发展提供参考咨询服务

当代图书馆的服务范围已经远远超出了文献的借阅服务，也不仅仅是为读者提供文化休闲的场所，图书馆利用丰富的文献资源和人才资源，为读者提供各种咨询服务，为党政机关、企事业单位提供决策参考，使图书馆为社会、政治、经济、文化的发展贡献自己的力量，充分体现了当代图书馆馆员的专业性，体现了图书馆行业独特的社会价值。如2008年世博会在我国上海市举办，上海图书馆于2003年1月成立了世博信息中心，广泛收集相关信息，开展了信息服务、咨询研究、简报编辑等一系列工作，为世博会场所的主题策划、主题演绎、公众参与馆策展等提供参考服务，对世博会的顺利开展起到了重要作用。

在公共图书馆的文旅融合中，图书馆也充分挖掘自身的文献资源，发挥决策参考职能，为地方旅游经济的发展出谋划策，体现了文化在旅游中不可或缺的重要作用。如浙江宁波市图书馆在"宁波城市旅游之窗"设置了一个行色主题阅读分馆——"人文地理馆",其咨询前台仅2018年就接待到访国内外游客14000余人次,接受各类咨询6000多次,现场发放信息宣传资料20000余册,充分发挥了公共图书馆读者咨询服务的职能。浙江云和县图书馆发挥地方文献优势,详细梳理了各旅游景点的文史资料,在"两会"期间就文化发展和旅游业的结合形式提出了具体可行的提案。在提案中的相关内容也被采纳,规划了云和县的三大旅游景区。云和县图书馆还题写了大量具备景点特色的楹联,为景区增添了丰富的文化要素和浓厚的文化气息。另外,云和县中山广场巨石题词"湿云和露"、云和市区步行街入口浮雕上的云和湖风光、小顺村摩崖石刻中的"顶天立地"抗战遗迹,都是云和县图书馆推送的文化创意,来自云和县图书馆对地方文献的精心挖掘和梳理。

部分公共图书馆在以文促旅方面做作出了很多努力,如海南省图书馆在报刊室设立旅游地图专架、上海市黄浦区图书馆设有旅游文化博览室、深圳市宝安区图书馆设立旅游专题图书馆。这些服务都对地方旅游资源及旅游文化起到了较好的宣传推广作用。

(五)公共图书馆文旅融合深度发展的对策

文化和旅游部的成立对于我国公共图书馆的文旅融合具有政策导向、目标导向和现实导向作用,为了贯彻"宜融则融,能融尽融"的方针,各公共图书馆积极探索文化和旅游发展规律,在以文促旅、以旅彰文的路径上做出了多种尝试,逐渐摸索出一定的经验和教训,不过也存在着一些问题需要解决。

1.把握政策导向,明确公共图书馆的职能定位

在公共图书馆文旅融合的道路探索中,存在为融合而融合的形式主义现象。为了迎合文旅融合的大趋势,有的图书馆存在着盲目建设景区图书馆、主题图书馆、进行无效的文创产品开发等现象,未进行科学的效益评估,而忽略了实际的社会效益和经济效益,造成了一定程度的资产浪费。有的景区图书馆缺乏特色,对游客的吸引力不够,或仅仅是作为"网红"打卡点而存在,文化传播和社会教育职能欠缺。

2.超越文旅融合范畴,树立大融合理念

文旅融合的根本意义已经远远超出了以文促旅、以旅彰文的范畴。各图书馆不应

局限在为文旅融合而融合的思维上,不应局限在利用旅游业进行阅读推广、对旅游业进行参考咨询和宣传上,而应确立大融合理念,从理念上进行融合,变"以书为本"为"以人为本",充分考虑读者的需求,开放思想,转变观念,牢牢把握"读者至上"的服务理念;与行业内外展开全面充分的合作,不应局限于国内外图书馆行业内部的交流与合作,而是与其他各行业和机构也都展开充分合作;在管理和服务方法上推陈出新,从资源建设、服务技术、服务内容上积极创新。如内蒙古图书馆的"彩云服务"、合肥市图书馆的城市阅读空间、杭州图书馆的市民合唱团等,都展示了当代图书馆的创新精神。只有树立服务、合作、创新的宏观思维,才能正确领会文旅融合对图书馆事业发展的实质意义。

3. 培养文旅深度融合的新机制

目前,我国公共图书馆文旅融合还处在初级发展阶段,理论与实践都在不断摸索的过程中。虽然文化和旅游部的成立为图书馆文旅融合提供了机制和政策层面的保障,但在文化与旅游行业的合作中,各自的责权分工尚未明确,还需要从国家层面、省市区县层面培育融合新机制,加强统筹协调。在政府层面上,应对文旅融合的规划研究、基础设施建设、绩效评估等拟定相关政策,并以策划实施和监督检查。图书馆管理层面也应结合本馆性质和读者需求,制订出符合本馆实际的文旅融合方案,纳入图书馆中长期发展规划,并有计划有步骤地实施。如在图书馆空间建设、文献类型建设、设施设备配置、岗位设置、学习培训、读者活动策划中,都要考虑到文旅融合工作,而不是临时组织几场读者活动流于形式。

4. 加强宣传,提高图书馆文旅融合服务的知名度和效能

我国公共图书馆在文旅融合上不断摸索,已经探索出多种融合形式。不过,公共图书馆在部分文旅融合形式上虽然投入了很大的财力和精力,但却未起到很好的效果。其原因与缺乏宣传不无关系。不论是在景区建图书馆、分馆、阅读点,还是在图书馆官网提供本地旅游数字资源,抑或是在本馆举办旅游征文、摄影作品征集与展览等活动,都要利用传统媒体和现代化媒体做好宣传工作。如在微信公众号、抖音上进行活动宣传,印刷小册子发给读者等。图书馆只有充分利用现代化技术,创新思想,开放

交流，才能使读者认识到图书馆在文旅融合中的重要作用，享受图书馆提供的读者服务，并参与到各种活动中去，以自身的愉悦经历和感受为图书馆做好义务宣传。只有加强宣传，才能充分发挥馆员和读者的主观能动性，以扩大图书馆文旅融合服务的社会影响，从而更好地为文化传播服务。

二、国外公共图书馆文旅融合的理论与实践

（一）国外公共图书馆文旅融合的理论

21世纪以来，国外图书馆界对公共图书馆文旅融合的理论开始了一些探讨。2009年7月，在意大利米兰举行的国际图联世界图书馆与信息大会上，意大利摩德纳市的公共图书馆、文化、体育和旅游服务事务负责人就提出，图书馆作为重要的文化机构，在文化旅游中的重要性得到越来越多人的认可。

近年来，国外有关公共图书馆文旅融合的文章呈上升趋势，其内容主要包括以下三方面：一是关于图书馆文旅融合的模式。如Violeta Tosic等以埃及亚历山大图书馆开展的文化参观等活动为例，Elisabetta Bovero以意大利数字图书馆与旅游文化网为例，分析了文旅融合发展模式；Fleury Morrison指出图书馆应积极开展社区旅游服务，宣传当地的文化习俗；V.Nwachukwu等论述了图书馆应通过通信技术为酒店等提供扩展服务，如提供旅游咨询服务、游戏及玩具、地图与传记资料等，以帮助发展地区旅游。二是关于图书馆文化旅游发展的主要影响因素。如E.Bovero在意大利摩德纳省图书馆进行调研，探讨了图书馆馆员在图书馆文化旅游中必备的专业技能及扮演的角色；Geraldine Fabrikant认为图书馆要进行精心的内部设计，以发挥其文化旅游功能。三是关于图书馆在文化旅游中的功能定位。如K.Toki'c等指出，图书馆在文化旅游活动中应承担信息传递、教育、旅游景点、文化传播等功能。

（二）国外公共图书馆文旅融合的实践

1. 图书馆旅游

世界上很多图书馆历史悠久，因其历史掌故、建筑特色、馆藏特色、时代特色或名人遗迹等，不仅承担着图书馆的文化职能，而且也成为著名的文化景点，吸引了大

量游客前往参观游览，是国外图书馆文旅融合的主要方式之一。

因历史典故而闻名的如大英图书馆和莎士比亚书店图书馆。1973年，大英图书馆正式成立，其前身为1753年在伦敦建立的大英博物馆，将大英博物馆图书馆部的全部藏书纳入馆藏，从而成功地移植了博物馆的旅游属性。2000年成立的伦敦图书馆管理局确立了十大目标，其中包括"在博物馆、图书馆和档案馆委员会的未来发展框架下积极开展工作，寻求并建立跨领域的有效合作"，进而确立了图书馆、博物馆和档案馆类似属性的理论基础。大英图书馆也因马克思而闻名，许多中国游客到伦敦后特地慕名到大英图书馆寻访马克思当年撰写《资本论》的历史遗迹。再如法国巴黎的莎士比亚书店，其创办人西尔维亚·毕奇以书店的名义，为乔伊斯出版了被英美两国列为禁书的《尤利西斯》，该书店因之被誉为"英语世界文学青年的庇护所和乌托邦"，其第二层为图书馆，亦成为游客云集之地。

因建筑特色而闻名的如埃及亚历山大图书馆。该馆曾获世界最具影响力的建筑奖项之一"阿卡汉建筑奖"，其建筑外观以古埃及的太阳神文化为创意，采用了高雅的倾斜圆面外观。亚历山大图书馆的主体建筑为圆柱体，顶部是半圆形穹顶，会议厅是金字塔形。该馆的定位是埃及的世界之窗、世界的埃及之窗、引领数字时代的研究机构、大型国际文化学习和对话的活力中心，其建筑群包括手稿博物馆、古代博物馆、科技博物馆、天文馆等。该馆建成后，吸引了大批游客，为此图书馆专门内设了一个由玻璃帷幕组成的高位观景台，以方便游客欣赏图书馆大厅全景。

因时代特色而闻名的如2018年年底开放的赫尔辛基中央图书馆。该馆由芬兰ALA建筑事务所设计，建筑面积1.7万平方米，整体呈开放的拱形状态，内部呈大空间格局。图书馆的底层是广场的延伸，木制屋顶悬垂在一个可以用于户外活动的有盖空间，从外部清晰可见，并可从开放式底层进入这些空间，包括电影院。中间楼层包含多功能厅，用作办公室、工作室、会议区，这些房间位于桥梁结构的桁架周围的角落。该建筑的上层被称为"书的天堂"，顶部有独特的起伏的白色天花板，天花板上的圆形孔可以让自然光照射到房间的中央，其中一个木地板倾斜，在角落里形成一个休息区。透过环绕整个房间的全高玻璃窗可以看到外部景观，西侧的阳台占据了悬臂屋顶的凸出部分。该馆不仅具有传统图书馆的文献借阅功能，而且具备为市民提供学习、交流、休闲、办公、游览等多种功能，融合了旅游的多种要素，堪称世界上图书馆文旅融合的典范。自开放以来，赫尔辛基中央图书馆每天吸引了上万名来访者慕名前来参观。

因藏书特色而闻名的如瑞士圣加仑修道院图书馆。该馆保存了大量基督教典籍，成为德语国家的宗教、教育和文化中心，因此吸引了大量参观者和来访者。

法国国家图书馆、瑞典皇家图书馆、俄罗斯国立图书馆、葡萄牙马夫拉宫图书馆等，也均因各自的建筑特色或历史底蕴，成为著名的参观游览景点，吸引了全球大量游客。

2. 图书馆主题酒店

图书馆主题酒店是近年来逐渐普及的一种主题酒店，也是文旅融合的重要形式之一。其特色是以丰富的图书营造特殊的文化氛围，以吸引顾客。顾客入住酒店后，不仅能享受到酒店的餐饮住宿服务，而且还能随时享受到书刊阅读的便利，并能与其他客人交流读书的心得体会，从而达到学习、休闲、交流的多重效果。如葡萄牙的奥比都斯文人酒店就是一间图书馆酒店，旅客在此不仅能阅读酒店提供的几万册图书，而且能捐赠自己带来的书籍。因此，书架上的书很多都有来自原主人的批注，供阅读者分享。英国威尔士的格莱斯顿图书馆酒店，由年久失修的城堡改建而成，保留了许多旧式英伦风城堡的风格，有着浓厚的文艺气息，许多著名作家到这里举办分享会，吸引了众多寻找灵感的进修者和创作者。日本东京 Bookand Bed Tokyo 图书馆主题旅馆让入住的旅客能够睡在"书架上"，那一个个在书架中的空间，就是旅客休息的房间。该酒店极具特色，颇受游客欢迎，已经开有好几家分店。

3. 旅游宣传等服务

提供旅游信息咨询与宣传、地方特色文化宣传、设置礼品商店、为读者提供餐饮服务等，也是国外图书馆文旅融合的重要方式。如日本许多基层公共图书馆往往在进门最显眼的位置摆放旅游指南等小册子，供游客取阅；都柏林的爱尔兰国家图书馆每周六下午都提供有关当地历史遗迹的参观；美国的国会图书馆、法国巴黎的国家图书馆、英国伦敦的大英图书馆、意大利的佛罗伦萨中央图书馆、西班牙首都马德里的国家图书馆、俄罗斯的圣彼得堡国家图书馆都有着极好的礼品商店，具备鲜明的地方和民族特色，深受选购者欢迎；阿姆斯特丹中央图书馆的顶层自助餐厅提供多种沙拉、三明治和热食，让游客在用餐的同时可以欣赏到美丽的阿姆斯特丹城市风光，图书馆正门旁还有一家带室外露台的咖啡馆，提供咖啡和披萨，读者不用走出图书馆，就可以满足餐饮需求。

4. 研学游服务

研学游方式在国外图书馆也早有尝试，如日本浦安市立图书馆定期举办"文学散步"活动，组织读者可以实地探访体验某部文学作品中所涉及的山水、建筑、城镇等，从而加深读者对作品的理解。

第二节　公共图书馆文旅融合案例

近年来，我国公共图书馆在文旅融合的实践上做了多方面的探索，如在景区、酒店、地铁等场所建设图书馆、分馆及阅读点等，以线上与线下相结合的方式宣传地方旅游资源、开展研学游服务、为地方旅游经济的发展提供决策参考等，都收到了很好的效果。部分公共图书馆更是充分发挥了文献资源和人才资源优势，精心策划，不仅仅通过旅游进行阅读推广，更使文化成为旅游经济发展中不可或缺的重要因素，推动了旅游经济的可持续发展。下文以浙江省公共图书馆为案例，来介绍其文旅融合的先进经验。

一、打造图书馆旅游景点，服务地方文旅融合发展

图书馆自身可作为旅游景点，可以利用其建筑特色、馆藏文物、展览活动等吸引游客，具备将游客转化为读者的特殊优势。同时，图书馆也可为地方旅游经济提供旅游点，为地方文旅融合事业提供落脚点。

浙江云和县图书馆位于云和县北麓凤凰山的园林区，周边风景秀美。该馆采用图博合璧方案，被县委县政府列为县域景点，长年提供参观接待服务。云和县图书馆将其馆舍打造为古典园林风格，园中有馆、馆中有园。其一，图书馆将自己的1000棵常春藤叶种植在花园中，借网络植物常春藤表达现代图书馆网络存储、交流与创新的理

念,此图书馆标志可供游客拍照留念。其二,在馆园内有两个"镇馆之宝"可供参观:太平铜钟与古碑廊。太平铜钟铸造于南宋绍兴四年(公元 1134 年),重 1500 公斤,口径 1.1 米,高 1.5 米,曾在抗战时期作空袭警钟之用。古碑廊刻有清光绪二十九年(公元 1903 年)的《不得欺辱畲民》碑,其中还记载了小葛村畲民因不识字而被欺骗受辱的故事;《天后宫》祀典碑则包括云和县祭事、天后宫祭祀、祀典等内容,此碑拓片曾被海上船队用作护身符。其三,开辟 1000 平方米的木玩具图博馆,收集了古今中外典型木玩具样品 1000 余件,分为中国古典、西方经典、中西交汇、粘接百科、延伸动漫、延伸教育、自主创新等板书,可供参观、学习。馆内还设有本土木艺文创小品,均为展出亮点。

二、打造红色文化旅游品牌,助力红色旅游经济

红色旅游是爱国主义教育的重要形式。红色旅游主要是以在中国共产党领导下的革命战争时期所形成的纪念地、标志物为载体,以其所承载的革命历史、革命事迹和革命精神为内涵,组织接待旅游者开展缅怀学习、参观游览的主题性旅游活动。红色旅游把人文景观和自然景观相结合,把革命传统教育与促进旅游产业相结合,为其打造的红色旅游线路和经典景区,既可以观光赏景,也可以了解革命历史,学习革命斗争精神,培养砥砺奋斗的时代精神。通过参观了解伟大民族精神的重大事件、重大活动和重要人物事迹的历史文化遗存,有利于传承中华民族先进文化和优良传统。

在红色旅游的文旅融合中,一方面,公共图书馆可以利用丰富的文献资源,挖掘地方的革命史料,为红色旅游景区的建设和游览提供丰富的旅游素材;另一方面,公共图书馆可以通过建分馆、设阅读点等形式,充实旅游内容,提升文化内涵。另外,公共图书馆还可以与各文化研究机构合作,开展丰富的读者活动,吸引游客参与,形成新的旅游增长点。

浙江嘉兴市是中国共产党第一次全国代表大会胜利召开的革命纪念地,是"红船精神"的起航地,是全国爱国主义教育和党史教育的重要基地,是著名的红色旅游景点。浙江嘉兴依托城乡一体化公共图书馆服务体系,可以打造"红船书苑"体系,使

旅游与图书馆完美地结合在一起。"红船·中心书苑"为下属书苑提供资源采购、配送及技术支持，分别建立了"红船·特色书苑""红船·乡镇（街道）书苑""红船·农家乐书吧、红船""数字书苑"。各书苑可以提供借阅服务、空间服务、文创产品展示与服务。其中，红船·特色书苑与红船·农家乐书吧深入景区，将红色教育与嘉兴地方文化相结合，向游客展示了地方革命史和地方风土人情，其文创产品也具备红色文化内涵与地方特色。为了打造"红船书苑"品牌，扩大"红船书苑"的影响力，嘉兴市图书馆联合嘉兴市社会科学联合会、嘉兴市文化研究所，打造"嘉兴故事"地方文化讲坛，还邀请了专家学者对地方的名人、历史、文化等开展系列讲座，分为嘉兴历史、嘉兴名人、嘉兴人文、嘉兴古迹、嘉兴美食五个系列，在"红船·中心书苑"定期召开。"嘉兴故事"地方文化讲坛影响力日益凸显，许多游客为听"嘉兴故事"而来，特地把文化讲坛活动列入旅游日程，明显增加了"红船书苑"的人流量。"嘉兴故事"为嘉兴旅游增添了重要的文化要素，在一定程度上推动了嘉兴旅游业的发展。

三、打造民宿书吧，找准休闲旅游与图书馆的结合点

民宿游是近年来广受欢迎的一种休闲旅游方式，一般位于风景秀丽、环境幽美的乡村等地，是人们在紧张劳作、精神倦怠之余还可以寻求放松的一种新型慢生活方式。民宿游不以观光游览为主要目的，主要是为体验悠闲宁静的生活方式。图书馆在民宿点建立分馆、设立阅读点等，为人们提供丰富的文化资源，并提供多种交流和休闲方式，从而增加了民宿点的文化吸引力，使民宿图书馆颇受游客欢迎。

浙江云和县是全国著名的民宿风景区，包括云和梯田民宿产业集聚区、十里云和民宿产业集聚区。云和县图书馆于2014年前后就开始规划民宿书吧。书吧不仅提供图书借阅，而且还有美学教室和咖啡馆等多个功能区间。云和县图书馆还举办亲子阅读活动，游客可以在书吧欣赏电影，品茶、品咖啡，结交书友，练习书法，带孩子阅读绘本等，充满文化气息。宁波市图书馆在东钱湖风景区旁的福泉心宿建立民宿流动图书馆"墨沏书房"，提供旅行、文化、养生等主题的图书借阅，被称为"山水间的图书馆"。研学游将学与游相结合，是一种在旅游中进行教育和学习的方式，有利于参与者在研

学游的过程中直观且深刻地理解学习和阅读的内容，发现问题并探索解决方法，提高解决问题的能力，并进一步引发新的学习动机。公共图书馆因其丰富的文献资源、优良的专家学者队伍，以及良好的社会公信力，具备开展研学游服务的优势。

浙江省绍兴市是一个文化底蕴浓厚的历史文化名城，2016年，绍兴图书馆推出"走读人文绍兴"文化旅游品牌，分为成人与少儿两大系列。"走读人文绍兴"文化旅游品牌具备如下特征：第一，"走读人文绍兴"，多注重线上宣传与线下宣传相结合的方式，如每半个月会针对老年读者在《绍兴晚报》上作大篇幅的近期活动预告，针对中青年读者或少儿读者，通过微信公众号等线上方式进行信息推送，并实行微信预约。绍兴图书馆还建有各类读者微信群，便于宣传和交流，并搜集反馈意见，积累活动经验。第二，活动采取免费性质，绍兴人凭身份证即可免费参观全市各景点；招募志愿者专家讲师，包括本馆资深馆员、退休的博物馆馆长、档案馆馆长、资深教师及其他行业的专家等，提供免费的讲解服务，传播专业知识。第三，绍兴图书馆组织的活动采取"读＋走＋写"的形式，即先阅读、再实地参观、参观结束后开展征文活动、摄影比赛、专题沙龙等。如少儿"游古迹，诵经典"兰亭书法研修游学活动，孩子们参观鹅池，背诵古诗《鹅》，并在馆员的带领下体验曲水流觞，效仿古人行修禊之礼、行令、投壶，然后参观兰亭书法博物馆，亲手拓印兰亭石板画留作纪念，这种研学活动使孩子们对中华传统文化有了更深刻的了解，对诗歌文学、书法艺术也有了深刻的感受。绍兴图书馆组织的探访文化圣地古越藏书楼、佛门胜境云门寺等活动，也深受读者欢迎。

四、打造文创品牌，体现图书馆文旅融合中的"购"要素

开发文创产品，是近年来公共图书馆文旅融合的常见途径之一。结合地方特色和图书馆文化特色的文创产品，既体现了旅游六要素中的"购"要素，也体现了新时代图书馆的创新思维和营销意识。2016年，宁波市图书馆经原浙江省文化厅审批通过，成功申请为"首批文化创意产品开发试点单位"。2017年，该馆自主研发的阅读手账套装，获得了国家实用新型专利。宁波市图书馆还深入挖掘馆藏资源，推出"到图书

馆去""甬图""新馆建筑"三大系列文创产品设计。宁波市图书馆的文创产品，很好地将公共图书馆教育、文化传播、休闲娱乐等功能结合在一起。

五、宣传本土历史地理文化，推进地方文旅融合发展

公共图书馆的文旅融合，不仅仅体现在利用旅游活动进行阅读推广等活动上，而且也体现在宣传地方旅游文化、助推地方旅游经济发展上，这也是与公共图书馆文化传播的职能相符合的。文化与经济从来都是密不可分的，文化的繁荣必然有助于推动经济的发展。如古今中外很多文艺作品、诗词、影视、民间文学等，都为旅游提供了丰富的素材源泉，并在很大程度上推动了旅游经济的发展。

如浙江云和县图书馆在众多民宿书吧和农家书屋中，都提供大量有关旅游类的书籍杂志，尤其注重本土旅游类书籍，如《云和摄影作品集》《梯田风情》《云味十二道》等。书屋内还提供有关云和县的宣传片，如《梦幻仙宫湖》《画说云和》《烽火云和》等，让游客随时可以了解云和县地方旅游概况。云和县图书馆还推出了"云和本土文化"系列讲座，主要板块有抗战文化、史前岩画、船帮文化、梯田文化、木玩文化、银矿文化等，并配有200多幅文物与文献图片，图文并茂，别具特色。云和县图书馆还组建团队深入乡村和旅游景点，以多种形式来宣传地方旅游资源。如联合美术协会在赤石乡的玫瑰小镇开展全县的"家乡美"油画展；联合云和文联和云和诗词协会，开展"颂云和"散文及诗词征集活动，并在全县巡展；收集整理游客发表的游记，联合童话云和朗读团诵读著名作家有关云和风情的文学作品；等等。

六、发挥参考咨询职能，助力地方旅游经济发展

现阶段图书馆馆员的专业性不仅体现在图书的著录与排架上，而且也不仅局限于组织几场读者活动，更重要的是要成为知识的导航员、数据的分析师，成为能提供各知识领域参考咨询服务的专家。只有主动参与社会、政治、经济、文化发展建设，才能充分发挥社会价值。图书馆拥有丰富的文献资源，印刷型文献与数据库资源相结合，可为读者提供优良的参考咨询服务。在地方文旅融合的进程中，图书馆也应走出阅读

推广的老路，为地方旅游经济的发展提供决策参考，充分发挥智慧馆员的作用。

如浙江省公共图书馆的文旅融合道路充分体现了"宜融则融，能融尽融，以文促旅，以旅彰文"的方针，而且也取得了很好的效果。在2019年5月6日，由中国图书馆学会学术研究委员会主办，浙江图书馆、浙江省图书馆学会、中共淳安县委宣传部等承办的"新时代公共图书馆文旅融合发展浙江现象研讨会"在浙江省淳安县下姜村举行。浙江公共图书馆界文旅融合的丰富经验为全国图书馆界文旅融合的道路提供了借鉴，具有很大的参考价值。

第三节　公共图书馆文旅融合的现实意义

自文化与旅游部成立以来，我国公共图书馆纷纷意识到了文旅融合的重要性，并在文旅融合道路上进行了探索和尝试。如在景区建设图书馆及其分馆、服务点，开展研学游等，拓宽了图书馆阅读推广的地域和人群范围，创新了阅读推广的模式。然而，文旅融合在公共图书馆界的理论研究和实践探索仍然处于初始阶段。从目前来看，政府层面统一协调与规划的力度还不够，与其他部门合作的职能分工也尚未完全明确，文旅融合的实施往往局限于内部运作，并且形式也大多拘泥于图书馆的阅读推广，缺乏大局意识与整体思维，尚未走出"为融合而融合"的形式主义路线。因此，我们要深入思考文旅融合的战略意义，学习文旅融合的战略性思维，在理念与方法融合、图书馆内外部合作、管理与服务创新的指导性思想下，还要充分发挥公共图书馆的各项职能。

一、文旅融合有助于推动图书馆业与其他行业的融合

文旅融合体现了各行业间在理念、职能、服务等各个方面的融合意识。在文旅融合的时代背景下，图书馆应参考旅游业等服务业以顾客为本的服务理念，要树立"以人为本"的理念，脱离"以书为本"的局限性，不再将服务内容与方式局限在文献的

保存与借阅上,而要充分考虑读者各方面的文化需求,如在社会教育、情感交流、文化休闲、自我实现等方面的需求,使图书馆成为读者学习、交流、休闲的文化空间。随着自动化技术、数字化技术、互联网与物联网技术的高速发展,现代图书馆早已脱离传统落后的服务方式,图书馆不但实现了自助借阅、网上借阅、快递借阅等服务,而且在扩大开架范围、延长开放时间、增加阅读点等方面尽可能地满足读者的借阅需求,既方便了读者,又加强了文献的流通和利用。不过,这些服务内容和方法仍然是以书为中心的,没有脱离"以书为本"的理念。随着数字化阅读的普及,公众利用文献的途径日益多样化、便捷化,到馆借阅实体文献的读者呈减少趋势,当下公共图书馆文献保存与利用的职能已经远远不符合时代的需求,社会教育、参考咨询、文化交流、文化休闲等职能日益凸显。只有树立"以人为本"的理念,充分发掘读者多种文化需求并研究这些需求的满足途径,拓展相关职能,拓宽多种服务模式,图书馆才能适应时代的发展,来满足人民群众日益增长的美好生活需求。

为了满足读者多方面的文化及精神需求,国内外公共图书馆不断努力,探索出多种模式。如美国圣安东尼奥中央图书馆,针对读者的活动需求,在馆内设创意展览区、画廊、游戏间;针对读者的社交需求,设小型交流室与会议室。杭州图书馆开发了"绽放自己的美丽"女性服务项目,从读者中征集具有一技之长且乐于分享的"生活达人",为青年女性提供"职场礼仪""我是穿搭女王""巧手辣妈"等课堂分享;为中年女性提供"生活偶得""更年期"等系列活动;为老年女性提供"我的退休生活"手机APP体验、"时光之旅"摄影教学等活动。杭州图书馆的这一项目在第83届国际图书馆协会联合会世界图书馆与信息大会的"图书馆如何为联合国2030年可持续发展目标作贡献"的案例分享会上,被作为亚太地区最佳案例进行分享。这些以读者为中心的活动,充分考虑了各种类型读者的学习、生活、文化娱乐等多样化需求,远远超出了单纯的文献借阅服务,是践行"以人为本"理念的很好案例。

二、文旅融合有助于推动图书馆与其他行业的合作

当代社会是一个合作共享、互惠共赢的社会,文旅融合体现了当下不同行业间相

互合作的意识和整体趋势。文旅融合不仅仅是文化与旅游的融合与合作，而且也是文化旅游业与农业、商业、工业、体育、环保、林业、气象、金融等部门的合作。

公共图书馆作为文化事业的重要组成部分，不能把各项读者工作局限于馆内和业内，要重视与不同地域不同行业间的合作，还要争取其他部门和机构的支持，从而实现全域性发展。目前，我国公共图书馆读者活动虽然形式多样、内容丰富，但对象大多局限于馆内读者，受众有限，若能争取到相关部门的合作支持，将知识传播与交流面推广到社会全域，社会效益将极大提高。1994年，联合国教科文组织发布的《公共图书馆宣言》提到了保证全国图书馆的协调和合作，必须立法并制订战略计划，来确定并建设同一服务标准的全国图书馆网络；必须确保与有关合作伙伴（用户群体和其他专业人员）进行地方、区域、全国甚至国际性的合作。2018年3月19日，国际图联主席会议发布全球视野报告摘要，其中的十大亮点提到，建立合作和伙伴关系具有必要性。必须彼此合作，并与外界建立伙伴关系，这对创建一个强大、统一的图书馆领域至关重要。

在《中华人民共和国公共图书馆法》中多个条款支持鼓励公共图书馆开展馆际与业外的合作，如"国家鼓励和支持在公共图书馆领域开展国际交流与合作，公共图书馆应当加强馆际交流与合作""国家支持公共图书馆开展联合采购、联合编目、联合服务，实现文献信息的共建共享，促进文献信息的有效利用""国家支持公共图书馆加强与学校图书馆、科研机构图书馆以及其他类型图书馆的交流与合作，开展联合服务""县级以上人民政府应当积极调动社会力量参与公共图书馆建设，并按照国家有关规定给予政策扶持""国家鼓励公民、法人和其他组织依法向公共图书馆捐赠，并依法给予税收优惠。境外自然人、法人和其他组织也可以依照有关法律、行政法规的规定，通过捐赠方式参与境内公共图书馆建设"。近年来，我国图书馆界推出的图书馆联盟、"图书馆+"战略等，都对图书馆业内和业外的合作起到了很好的指导与推动作用，图书馆的阅读推广、讲座、展览及其他读者活动，都需要争取与其他机关团体、个人的合作与支持，做到社会力参与、公共资源共享，从而使图书馆成为一个充满活力的公共文化合作交流空间。

从文化和旅游的合作上来看，我国公共图书馆在文旅融合上主要体现在景区、宾馆、饭店、交通站点、交通工具内建图书馆及其分馆或阅读点上，主要形式为文献的阅读推广，较少发挥图书馆的其他职能。文旅融合应建立在双方充分合作的基础上，图书馆应与旅游部门开展合作，在融合的路径上不再局限于文献的阅读推广，而要发挥决策参考、文化宣传推广等多种职能，并争取旅游部门的多方面支持与合作，建立互惠的长期合作关系。

为政府和企业提供决策参考咨询是图有馆的重要职能之一，也是图书馆馆员专业性的重要体现。文旅融合对图书馆向旅游业提供参考咨询提出了更高的要求。旅游的可持续发展离不开文化元素的注入，图书馆有着丰富的文献和人才资源，可以对各地的旅游经济发展策略及模式进行对比分析，对各景区的历史文化及相关文学作品进行发掘，主动为地方旅游产业提供决策参考，为地方旅游经济的发展献计献策，发掘新的旅游增长点。如安徽的黄山景区，近年来黄山旅游经营业绩停滞不前，这是因为主要收入来源于门票和索道收入，缺少文化产品开发。这与2018年3月国务院提出降低重点国有景区门票价格，要求旅游业向"IE门票经济"转型的精神是不相符的。因此，图书馆可收集全国相似自然风景区旅游案例，收集相关调研报告，对黄山旅游人群数据进行统计分析，从各种旅游景点评价网站上搜集游客意见，来进行满意度调查，提出对策研究，为黄山旅游的管理部门提供决策参考。

进行地方旅游文化的宣传推广，也是公共图书馆开展文旅合作的重要途径。在文旅融合的环境下，公共图书馆丰富的文献资源及良好的展览、培训资源，是宣传地方旅游文化的有利条件。可以开创旅游汽传品牌，如设置"旅游宣传周"，对地方旅游资源与文化进行宣传。如黄山旅游宣传周，通过黄山摄影作品征集与展览、游览征文、黄山文学作品讲座，黄山旅游册发放、黄山研学游等形式，联合当地媒体，进行黄山旅游文化的宣传。图书馆的地方旅游资源的视频资料，也可以与景区进行共享，起到宣传和引导游客的作用，图书馆还可利用微信、微博、网站等互联网媒介，采用游记文献推介、地方旅游数字资源线上展览等形式宣传地方旅游文化。

三、文旅融合有助于增强图书馆的创新意识

以文促旅、以旅彰文,用文化要素的注入增强旅游业的活力,以提高旅游业的吸引力,可以通过旅游的方式提升文化的内生动力并增强文化的推广效果,这些都充分体现了当下各行业在变革时期理念和实践创新的必要性和可行性,在数字化阅读高速发展、传统载体文献借阅量日益减少的情况下,读者需求更趋向知识化和信息化,图书馆更需要在文旅融合创新思路的引领下,摆脱落后的、传统的管理理念与服务方式,探索并引进创新的理念、服务与技术,在管理方式上要推陈出新,在服务方式上要充分考虑读者的年龄层次、文化水平、行业差异,探索出读者服务的新方法和新模式,另外,还要充分利用现代化的技术手段和网络平台,努力打造理念创新、服务创新、技术创新的现代化图书馆。

近年来,中国图书馆界已经开始正视行业创新意识,在技术和服务创新方面不断探索研究,取得了很多突破性成绩,各省市图书馆也纷纷开始举办行业创新大赛、服务与技术创新案例征集等活动,掀起了图书馆行业创新的热潮。

第六章 文旅融合环境下公共图书馆"以人为本"的理念

第一节 "以人为本"的图书馆空间与文献保障

藏书楼时代似乎早已过去,实则不然,随着政府对文化事业重视程度的提高,我国各地近年来纷纷兴建大型图书馆,不少图书馆建筑面积超过10万平方米,虽然建筑外观雄伟气派,但部分图书馆仍然未摆脱藏书楼时代的管理理念。现代图书馆要适应社会与读者的需求,要从根本上建立以人为本的管理理念和面向服务的运行机制,要根据社会及读者的需求不断调节,从建筑设计、排架方式、文献采购与编目、服务内容和方式等各个方面充分考虑读者的需求,形成一个生长的有机体。

一、建筑格局的变化

我国古代藏书楼以保存文献为最重要的职能,在建筑设计与设施配备上尤其重视文献的安全保障,如防火、防盗、防虫等,而较少考虑借阅需求,建筑格局多为封闭。如文澜阁和天一阁都是一列六开间,从外观上看,整幢楼为上下两层。受"天一生水,地六成之"的启发,一楼为六开间,为管理、接待等各种用房,二楼为通间,用于存放图书。

综观世界各地近年来新建的图书馆建筑,都充分考虑了读者的感观舒适性、使用便捷性及图书馆的多种功能。在建筑布局上,大都采用大空间、灵活隔断的开放式建筑模式;注重简洁性与逻辑性的结合,往往采用简洁明快的色调,要充分考虑图书馆现有与未来的拓展功能;注重智能化与生态化的结合。如上海浦东图书馆的照明设备,灯具直接在书架顶部，人靠近时有红外感应，光线自动变亮，靠近窗户之处在自然光线充足时不亮灯，智慧节能。在外立面设置了垂直遮阳板，同时玻璃幕墙设置了可调节遮阳。东西面采用双层呼吸式玻璃幕墙，智能通风，内置可调节百叶，在增加室内舒适度的同时，又减少了建筑耗能。浦东图书馆还采用很多白色镂空作为隔断及防护，既美观又增加了透光性及光的反射效果。

二、从"重藏轻用"到"重用轻藏"，从闭架为主转向开架为主

在藏书楼时期，藏书管理的理念是"重藏轻用"，藏书楼主人多视藏书为个人或家族财产，重视的是对藏书的保存。在古代欧洲，还有把图书用铁链锁上的做法。我国浙江宁波的天一阁为明朝兵部右侍郎范钦的私家藏书楼，该藏书楼在建成后，范钦为了防止藏书丢失和流散，制定了"代不分书，书不出阁"的管理制度，外姓人一概不得进入藏书楼，且藏书归范家子孙共有，非各房齐集书橱钥匙，不得开锁。乾隆年间修《四库全书》时，当时浙江巡抚奉旨派人查访浙江各藏书楼藏书情况，如嘉兴天籁阁、曝书亭、杭州赵氏小山堂、天一阁等，结果除了天一阁，其他藏书楼藏书皆散落或仅有少数残存。乾隆三十八年（1773），范钦八世孙范懋柱进呈天一阁珍本641种，包含大量珍本、善本。所呈藏书中，七分之五收入《四库全书总目》，六分之一全本抄入。从客观上看，藏书楼的管理者对藏书的严格保护，有效地保存了文化遗产。

然而，文献真正的价值是利用而不是封存珍藏。比起对文献实体的保护，文献被研究利用并转化成新的知识成果，才是文献最好的传承方式。在19世纪中叶，西方开启了建设公共图书馆的热潮。我国于民国初期也开始兴建通俗图书馆，并对公众开放。1916年，京师通俗图书馆全年阅览人数约有27万人次。当代各类图书馆都已不同程度地实行开架借阅。

图书馆对图书进行采购分编和典藏维护，花费了大量的人力与财力，其目的是提高文献资源的利用率。有的图书馆因担心外借图书丢失而减少图书开架范围，这是"以书为本"理念的典型表现。但是实际上，在开架环境中，有正常损耗是被允许的。针对书刊因开架而丢失损毁的情况，上海图书馆的做法可供借鉴：该馆并未因此减少开

架范围，而是采取了积极的管理措施，并联合上海市精神文明办公室开展了"做文明读者，书都市形象"的万人签名活动，倡议借阅文明和读者的道德自觉，效果良好。

从排架和阅览的空间布局来看，当代图书馆从以书为中心转向以人为中心，即向方便读者阅览利用的方向转变。原上海图书馆馆长吴建中先生把图书馆发展的不同时期概括为第一代图书馆、第二代图书馆和第三代图书馆时期。第一代图书馆时期的特征是重藏轻用，以藏书为中心，主要实行闭架管理，充分考虑图书的安全与保护，藏书与阅览区域一般是分开的。第二代图书馆时期的特征是实行开架借阅，以开放为特征，读者可以自由徜徉于书架之间，藏书与阅览区域在同一空间，阅览空间一般与书架区域相邻或围绕书架区域。第三代图书馆时期的特征是超越图书，以知识交流为主体，更加注重人的需求，尽可能地扩大室内空间，阅览区域更趋集中。如国家图书馆的中庭为阅览区域，四周为图书排架区域。这种方式比较方便读者取阅图书，且方便对读者的集中管理。安徽省图书馆将畅销图书和名著图书单独排架，紧靠读者阅览区域，方便读者选择借阅，也是排架方式上"以人为本"的具体体现。

当下很多图书馆突破了阅览空间的限制，在空间设置上不是局限于读者对图书的借阅需求，而是开设了信息共享空间、创客空间等，注重人与人、人与信息的交流。如信息共享空间一般由参考咨询区、个人学习区、协作学习区、多媒体服务区、休闲区和自助文印区等组成，打破了以纸质书为主导的服务体系，形成了一个方便读者互动交流的多载体学习空间。如上海图书馆开设的"创·新空间"不但包括小型的研讨空间、可供授课的会议设施、可激发创意的冥想空间，还提供了一流的3D打印设备和电子沙盘体验。上海图书馆"创新空间"在设立后引起了政府有关部门和企事业单位的关注，对图书馆的转型发展起到了积极的作用。

三、文献采访从单一的"价值论"转向"价值论"与"需求论"相结合

17世纪，法国图书馆学思想家加布里埃尔·诺代在《关于图书馆建设的意见》中论述了选书的标准，即选书者"第一，必须充分听取具有图书知识的人的意见；第二，及时发现民众切实的需求，根据这一需求收集图书资料"。19世纪末20世纪初，欧美

图书馆学校中选择论课程重点讨论了选书原则,即选内容价值高的图书还是读者需要的图书,形成了"价值论"和"需要论"两大派。"价值论"的代表是杜威,"需要论"的代表是普尔。普尔认为好书的标准因人而异,不能把自己的价值判断强加于人。一般来说,19世纪末之前,"价值论"占上风;之后,是"需要论"占主导地位。1925年,麦考文在《公共图书馆选书理论》中对"需要论"进行了理论阐述,确立了"需要论"的地位。印度图书馆学家阮冈纳赞的著名"图书馆学五定律"被誉为"我们职业最简明的表述",其中"书是为了用的""每个读者有其书""每本书有其读者"都从读者需求角度阐述了文献资源建设的原则,主要体现了"需要论"的思想。

我国古代藏书楼的选书原则最注重的是图书的价值,因此产生了版本学、校对学、目录学等。藏书楼的这些贡献在中国文明史上具有不可忽视的作用。然而,图书采选是完全依据采选者的个人判断,这会受采选者知识水平、个人喜好的局限,会严重影响到藏书的质量及其结构的系统性与完整性。藏书质量与读者需求是图书馆文献资源建设的两个重要因素,缺一不可。现代图书馆在精选优质图书的基础上,要充分考虑读者需求,做好读者对文献需求的调查工作,建立以读者需求为主导的优质藏书体系。

1. 图书价值的评价

对图书价值的评价包括对图书的内容范围、内容质量、读者对象、责任者、出版信息等的评价与选择。图书的内容是图书馆选择图书首先考虑的因素,在当下出版物数量繁多的情况下,任何图书馆都不可能收藏全部出版物,而是依据本馆性质、读者对象、馆藏特色等,有针对性地选择图书。图书的内容质量指图书自身所具有的科学价值、文化价值、使用价值和参考价值,其评价标准通常包括思想和学术观点是否清楚明确、材料是否准确可靠、内容是否具有现实或长远价值等。在图书的读者对象方面,要考虑图书馆各类型读者的特点,以及他们对图书的需求倾向,还要选择适合本馆读者水平和需求的图书。在图书的责任者方面,要考虑图书的著作责任者在其所从事领域中的知名度及社会评价等。在图书的出版信息方面,要注意选择那些享有较高声誉的出版社出版的图书,同时还要考虑出版时间、版次等信息,这些都是评价图书质量与使用价值、图书普及程度的重要指标。

2. 读者需求分析

"书有其读者""读者有其书"的科学文献资源建设体系必须建立在对读者需求充分了解的基础上。对于读者需求的统计分析有多种方法，包括图书利用率、藏书相符规律分析、读者文献需求调查等。图书利用率分类统计是指单位时间内某学科被借阅图书种/册数占该学科总藏量的百分比。如果利用率偏低，则该类馆藏不符合读者的阅读兴趣，需控制图书种类和复本，反之则要加大采购力度。保加利亚图书馆学家斯坦切夫提出了藏书相符规律的数学公式，这一公式着眼于馆藏数据和读者利用数据的对比分析，计算出馆藏每学科图书占总馆藏的百分比、单位时间内每学科图书借阅量占总借阅量的百分比，并将二者进行对比分析，从而计算出各学科馆藏满足读者需求的符合程度，以便进一步对馆藏结构进行调整。根据读者文献需求调查法也是图书馆进行读者需求分析时常采用的一种方法，旨在调查读者感兴趣的学科图书、调查图书馆需要增加馆藏的学科图书，以及收集读者对图书馆馆藏建设的意见建议等，从而方便图书馆有针对性地采购书籍。在网络技术发达的今天，大部分图书馆网站、微信客户端等均设有读者荐书栏目，读者可以通过多种渠道向图书馆推荐自己喜欢和需要的图书。

3. 馆藏发展政策

馆藏发展政策是以书面形式进行系统地阐述图书馆馆藏发展目标、方针、原则和规划的纲领性文件。馆藏发展政策一般包括图书馆馆藏发展目标、用户对象、学科范围、选书职责、剔旧标准、读者意见处理、馆际合作与资源共建共享等内容。20世纪70年代，美国图书馆协会将馆藏发展政策的功能定义为"限定一个图书馆现有馆藏的范围，为资源的持续发展制订计划，可以明确藏书的优势，概述选书原则和机构目标之间的关系、总的选书标准和知识自由"。每个图书馆都应制定自己的馆藏发展政策，这对图书馆发展具有重要意义，可以保障馆藏资源的一致性和连续性，既有利于公平分配有限的经费和相关资源，又有利于图书馆间实现资源共享。

4. 采访方针、采访计划和选择标准

在图书馆文献资源建设中，采访方针、采访计划和选择标准是十分重要的。采访

方针是形成、发展和维持图书馆藏书体系所需要的最根本纲领，采访方针一般对馆藏重点及特色、采选的学科范围、读者对象等都会做出原则性的规定。采访方针一旦确定，应保持较长时期内的稳定性，这样才能保证采访的持续性和藏书的系统性。采访计划是采访方针的运行规程，具体包括对各种新出现问题的解决方法，如读者需求的变化、临时特殊任务等。选择标准是在采选文献时，判断是否纳入采选的评价标准，如著作者知名度、图书获奖情况、本馆读者对象、本馆馆藏特色等。

传统的图书馆编目产生的是卡片目录，一般包括题名目录、著者目录、分类目录和主题目录，既便于图书馆馆员核对馆藏，也可供读者到馆检索。图书馆馆员对编目的研究集中在其规范化、标准化、格式化上，而很少考虑到各馆藏书的差异和读者对象的不同，并针对用户需求对编目理论与方法展开研究讨论。在计算机技术普遍应用后，机读目录虽应运而生，但机读目录并未打破卡片目录的原有框架，著录项目及规则等仍然受限于卡片目录的框架格式，仍然是图书馆本位的编目形式。不论编目规则如何详尽，编目不是目的，而是方便检索的手段，编目的主要目的是为了帮助读者发现文献、信息或知识。

用户本位的编目方式根据读者的需求而不断变化，是与读者交互的，即根据每个读者的特性检索需求而存在差异性。互联网搜索引擎的智慧检索不但能快速提供用户所需的精准信息，还可以推送用户可能感兴趣并需要的相关信息，远比图书馆书目信息检索系统更加智能化和人性化，更加符合用户的检索需求。初始阶段的联机公共检索目录（OPAC）仅包括书目信息、订购信息、馆藏与流通记录等，随着图书馆检索应用技术的发展，越来越多的图书馆联机公共检索目录实现了数据库、互联网资源、读者评价、图书利用情况的多维检索功能，也更加贴近读者的信息需求。

用户本位的编目方式不仅适用于纸质型资源、缩微资料、视听资料的编目，而且还需融入数字资源的编目。在传统的编目工作中，数字化仅仅是原有文献资源的补充，不能满足数字资源组织与检索的需求。在图书馆知识导航和知识管理中，基于XML的元数据技术是数字图书馆建设及网络信息组织与检索的重要手段，使编目工作不仅仅局限于图书，还包括数据库、电子资源及丰富的网上资源等。美国国会图书馆发布的《书目控制未来报告》指出，未来的书目控制将是合作的、去中介化的、国际范围的及基于互联网的。编目人员除书目知识外，还需要适应互联网环境，了解信息检索理论、数据库结构、网络语言、用户的信息查询行为等更广泛深入的知识。

用户本位的编目方式要求编目人员掌握国际编目理论与规则，并不断跟踪发展趋势，如FRBR（书目记录功能需求）、FRAD（规范数据功能需求）、RDA（资源描述与检索）等。其中，RDA是顺应数字环境的发展而制定的最新国际编目规则，是AACR2(《英美编目条例》，第2版)的升级产品，于2010年6月正式在网上发布。RDA以统一的《国际编目原则声明》为纲领，以传统的AACR2为基础，基于书目记录功能需求（FRBR）和规范数据功能需求（FRAD）概念模型而重新修订，旨在满足数字环境下资源著录与检索的新要求，提供了一套能覆盖所有内容和媒介类型资源的描述与检索的原则和说明。RDA具备包容性与可扩展性、一致性与连贯性、灵活性与便利性、经济性与高效性等特点，已经被美国国会图书馆、德国国家图书馆、澳大利亚国家图书馆、不列颠图书馆、加拿大国家图书馆等采用。

第二节 "以人为本"的文献借阅服务

随着"书是为了用的"观念成为现代图书馆界的共识，文献外借量、文献利用率等成为各图书馆评价体系的重要指标。为了保障读者的借阅权利，《中华人民共和国公共图书馆法》规定"公共图书馆在公休日应当开放，在国家法定节假日应当有开放时间"。《公共图书馆服务规范》要求"公共图书馆应合理调整外借文献范围、外借文献册数、借期等流通规则，保持馆藏外借量逐年增长"。在2017年，公共图书馆评估标准则将"服务效能"作为第一大部分，并将其中第一项"基本服务"中的开放时间、文献外借量都列为重要分值评估项。为了提高文献外借量和利用率，我国各公共图书馆在读者准入制度改革、延长开放时间、综合布点、增加借阅途径、采用先进技术等方面均充分考虑了读者需求，以节省读者的精力和时间，方便读者借阅，并且达到了很好的效果。

一、读者准入制度

作为公共文化服务体系的组成部分,公共图书馆服务应树立服务全体社会公众的服务意识,向全体社会公众免费提供了基础文献借阅服务,为提高全民文化素质和水平做贡献。传统图书馆在"书本位"思想的指导下,为保护文献或方便管理,往往建立非平等的读者准入制度,人为设置准入门槛。但是随着图书馆管理思想的进步,近年来读者准入制度已十分宽松且合理。《中华人民共和国公共图书馆法》第33条规定,公共图书馆应当按照平等、开放、共享的要求向社会公众提供服务。在传统图书馆时期,对于读者进馆和办证制度,很多图书馆的规定比较严苛,如无读者证不得入馆、非本地户籍不得办本馆读者证等。随着"平等、开放、共享"的公共图书馆服务精神的普及,目前绝大部分图书馆已经取消了相对严苛的读者入馆和办证规定,除了少儿馆与非少儿馆对读者的年龄有所限制外,在读者的身份、户籍等方面不再做严格要求。比较著名的是杭州图书馆,自2003年起就实行对所有读者免费开放,包括拾荒者、无业游民,唯一的要求是读者在看书前洗净双手,被称为"史上最温暖的图书馆"。绝大部分图书馆都已经允许无证入馆,如参加展览、讲座、观看演出等读者活动,阅览室则凭身份证等证件即可进入。

二、服务时间

公共图书馆作为公共文化服务机构,在服务时间上也做到了尽量满足读者需求,为读者在非工作日和非工作时间进入图书馆提供方便。《公共图书馆服务规范》对公共图书馆的服务时间做出了规定:公共图书馆应有固定的开放时间,双休日应对外开放。其中省级馆每周开放时间不少于64小时;地级馆每周开放时间不少于60小时;县级馆每周开放时间不少于56小时。各级独立建制的少年儿童图书馆每周开放时间不少于40小时。《中华人民共和国公共图书馆法》第38条规定:"公共图书馆在公休日应当开放,在国家法定节假日应当有开放时间。"《第六次县级以上公共图书馆评估等级必备条件和评估标准》则规定了最高得分值的周开放时间:省级、地市级、县级分别为

72、68、60 小时以上。可实际上，很多公共图书馆的服务时间已经远远超出了相关规范和标准规定的最低时间要求。很多公共图书馆还设有 24 小时自助服务，24 小时均可自助借阅。

三、综合布点

方便、就近是公共图书馆全域性发展的建设原则，建设居民身边的图书馆，建设遍布城区和乡村的阅读网络，是公共文化服务体系建设对公共图书馆的要求。根据有关调研，图书馆与居民住所在 700～1000 米之间，步行到图书馆的时间在 10 分钟以内，居民会愿意常常光顾图书馆，否则意愿会降低，可见读者对图书馆到达和使用的便利性较为重视。

在《公共图书馆建设用地指标》（建标【2008】74 号）指出："大型馆以读者骑车或乘公交车 60 分钟（含等候与换乘时间）可以到达为宜，确定其服务半径为 9 千米；中型馆以起车或乘公交车 30 分钟（含等候与换乘时间）可以到达为宜，确定服务半径为 6.5 千米；小型馆以骑车或乘公交车 20 分钟（含等候与换乘时间）可以到达为宜，以确定其服务半径为 2.5 千米。"大、中、小型图书馆的综合分布设计，旨在满足城市居民对图书馆地域分布均衡性的需求。

文化部、国家新闻出版广电总局、国家体育总局、国家发展和改革委员会、财政部五部门印发《关于推进县级文化馆图书馆总分馆制建设的指导意见》，提出要在"全国具备条件的地区因地制宜建立起上下联通、服务优质、有效覆盖的县级文化馆、图书馆总分馆制"。总分馆制的公共图书馆体系，实现了文献资源的统一采购、统一编目与统一配送，有利于公共图书馆服务网络的形成与全域化发展，使广大基层群众能享受到与中心馆相同水平的图书馆资源与服务。如安徽省铜陵市，以铜陵市图书馆新馆为中心图书馆，各个县区图书馆为总馆，各乡镇、社区全民阅读点为分馆，建立起城乡一体的公共图书馆服务网络体系，实现了"一网一卡一平台"，用同一张借书证即可在所有总分馆内实现统一检索和通借通还。

除了以县级图书馆为总馆的城乡一体化均等化的总分馆制以外，为了建设城市阅读网络，建阅读点、设流动书车等也是当下各城市公共图书馆普遍采用的综合布点方式。以合肥市为例，2017 年，合肥市出台城市阅读空间建设实施方案，拟采用政府和社会资本合作的模式，在住宅小区、学校附近、商业街、公园等地，建设一批集阅读、活动、展示、休闲等多功能于一体的城市阅读空间。至 2020 年年底，合肥市已建成和将建成的城市阅读空间近百家。这些阅读空间集购、阅、休闲、讲座等多种形式于一体，包括文创产品展示销售区、绘本室、讲座教室、幼儿游戏室、阅览区等，使用方便，环境舒适，深受群众欢迎。

1. 自助服务

自助服务现已成为很多图书馆普遍实施的一种服务方式，如自助办证、自助查询与借还。图书馆自助服务的普及有效地节省了读者的时间，也节省了馆员的劳动力，使其能将更多的精力投入其他的读者活动服务中，如参考咨询等工作。近年来，部分图书馆在文献借阅过程中采用了更先进的现代化技术，如 2017 年广州少年儿童图书馆第 39 个分馆——华南师范大学附属天河实验学校分馆实现了"人脸识别借书"技术，读者无须携带借书证，只需"刷脸"即可查询到相关信息和借还图书。贵阳市图书馆是全国首家于 2017 年元月采用"指静脉借阅"技术的公共图书馆，可利用读者手指内的静脉分布图像来进行身份识别，具有识别快速、准确度高、有效保护个人隐私等优点。手机 APP 借书还书则是当下公共图书馆采用的比较普遍的借还方式。图书馆广泛运用这些先进技术，极大地方便了读者。不过，自助服务也有其缺点，如不像人工服务，可以检查图书损毁等情况，能够及时避免损失。不过，在"以人为本"理念的支持下，图书正常范围的损伤应该是被允许的。

2. "城市街区 24 小时自助图书馆系统"

"城市街区 24 小时自助图书馆系统"是深圳图书馆于 2006 年 10 月首次提出并自主研制开发的一种创新型图书馆服务模式，在 2008 年"4·23 世界读书日"正式揭幕并投入使用，问世是深圳市"图书馆之城"建设的重要里程碑。"城市街区 24 小时自助图书馆系统"被称为"第三代图书馆"，是集智能化、人性化、数字化为一体的新型图书馆发展模式。其具备自助借还、文献预借、文献查询、办理借书证、中心监控等图书馆的基本服务功能。自助图书馆实行无人值守管理，服务由读者自助完成，图书由中心图书馆定期配送和更换。自助图书馆不仅缓解了图书馆馆藏空间的压力，还缓解了图书馆人力资源压力，提高了图书馆藏书的借阅率，拓展了图书馆的服务对象和服务区域范围，很好地满足了社区区民就近享受图书馆服务的需求。通过自助图书馆的服务分流，中心图书馆可以集中精力开展更多的专业性服务及个性化服务，以进一步提高图书馆的服务水平。

3. 图书快递借还服务

在物联网极度发达的今天，读者足不出户即能完成图书借阅和归还的快递借还方式已经逐渐在公共图书馆界普及。该服务大体分为两种形式：第一种形式是与网络图书售卖平台合作，读者进入图书馆网络平台后再进入网络书商平台，可以直接从网上选书，由线上平台快递上门，再由读者快递或自行到馆还书；第二种形式是由读者在线选择馆藏图书，图书馆将图书快递给读者，还书则由读者快递或到馆归还。如太原市图书馆微信客户端开通的"太图飞书"服务，读者可以进入"京东购书书单"界面选择图书，由京东安排快递送到读者手中。浙江图书馆微信客户端开通的"信阅"服务，对浙江图书馆馆藏图书实现了全国都可快递借还。杭州图书馆的"悦借"服务，则可在线选择该馆馆藏图书下单并支付运费，然后等待快递送书上门，还书时在平台上选择需要还回的图书并支付相应的费用，即可预约快递员上门取书归还，或者自行归还到杭州市的任一公共图书馆。图书快递借还服务使图书借还不再受空间和距离的限制，极大地方便了读者，节省了读者的时间，也缩短了图书馆与读者的距离。

4. 网络服务

图书馆的网络服务在当下已经相当普及且较为完善。可以通过图书馆网站、微信客户端，读者可以实现文献查询、快递借还、续借、预约借书、网上办证、图书荐购、交纳逾期费、在线咨询等多种功能。很多图书馆还提供了大量电子资源与数字资源以便读者在线阅览或查询。网络服务突破了时间、地域和人数的限制，并且节省了读者的时间，在互联网环境下充分发挥了现代图书馆阅读推广、信息传播、参考咨询和文化休闲功能。如杭州图书馆微信公众号的"微服务大厅"包括证（解）绑定、书目检索、云图有声书、专题咨询、懒人听书、QQ阅读、地方文献征集等栏目。

文献传递则是图书馆网络服务的另一种重要形式，它是一种通过文献资源网络平台获取用户所需的文献复制品，以复制品实体或电子文献形式传递给用户的服务方式，具有快速、高效、简便、经济等特点。如果读者在图书馆现有的资源（纸质资源和电子资源）中找不到所需要的原文文献，可以向图书馆在线申请文献传递服务。文献传递方式主要根据申请方的要求，使用电子邮件、邮寄、传真、自取等方式。

第三节 "以人为本"的读者服务

在满足读者文献借阅需求的基础上，公共图书馆还开展了其他多种类型的读者服务，如展览服务、讲座服务、读者培训服务等，并针对不同类型的读者群体开展特色服务，充分发挥了图书馆的社会教育、文化交流、信息咨询等职能。

一、公共图书馆展览服务

公共图书馆的展览服务可以追溯至国内外早期图书馆的发展。早期很多图书馆与博物馆互为一体，在业务上密不可分。展览业务是博物馆的主要业务，如1973年建成的大英图书馆，其前身为1753年在伦敦建立的大英博物馆，这也在一定程度上也体现了图书馆与博物馆之间的关系。

我国当代公共图书馆的展览服务已经成为读者服务的重要组成部分，活动组织形式与类型已比较成熟，并趋于常态化和规范化。展览服务十分符合图书馆信息收集与传递的职能，也给了读者美好的视觉感受，同时也满足了读者的文化休闲需求。其一，图书馆的展览服务可以丰富图书馆的馆藏，通过文献等资料的采集来丰富馆藏、搜集信息；其二，图书馆的展览服务可以教育读者，拓宽读者的文化视野，激发读者的智慧；其三，图书馆的展览服务可以通过实物、图片、文字等资料来传播知识。一些图书馆的展览还通过联盟巡展、媒体报道、网上在线展览等方式进行跨时空的知识传播。很多公共图书馆已经实现了网上在线展览，突破了空间与时间的限制，使展览不再受场所大小和地域的限制，极大地提高了展览效率，拓展了参展人群范围。当代图书馆作为市民终身学习和文化休闲的公共平台，展览服务吸引了大量读者，还充分发挥了图书馆的社会教育、文化传播与文化休闲职能。

二、公共图书馆讲座服务

讲座服务是现代公共图书馆承担知识传播、发挥社会教育职能的重要服务形式之一，也是现代公共图书馆从馆藏资源服务向空间服务转型的重要途径之一，有利于实现与读者的知识交流与分享。2010年12月，全国公共图书馆讲座联盟成立，联盟成员包括国家图书馆、省级图书馆及其他各级图书馆。

图书馆开展讲座的形式主要包括了现场讲授、访谈、讨论、微讲座等。"现场讲授"是国内图书馆讲座的主要形式，主讲人主要立足某个选题，以准备的讲稿为依据，进行讲授，一般是一人讲、多人听。现场讲授主要依赖主讲嘉宾的学识储备与讲授技能，信息传递较为直接、有效。这种形式的缺点是不够活泼，读者参与度不高。"访谈"则采取主持人与被访谈者之间问答的交流方式，形式相对活泼。如安徽省图书馆"新安百姓讲堂"，根据读者需求不断调整讲座内容，邀请受读者欢迎的主讲人，围绕百姓民生、养生保健、亲子教育、时事政治、文学艺术、地方文化等多个主题开展讲座，深受读者欢迎。

我国公共图书馆讲座服务已广泛开展，基本上各公共图书馆都有自己的讲座品牌，有些公共图书馆的讲座品牌在全国享有较好的知名度。如上海图书馆的"上图讲座"、国家图书馆的"文津讲坛"、首都图书馆的"首图讲坛"、山东图书馆的"大众讲坛"、湖南图书馆的"湘图讲坛"、深圳图书馆的"市民文化大讲堂"等。其中，湖南图书馆在其官网上对讲座进行了详细分类，具体分为湖湘文化、名人名家、都市生活、文史艺术、时政热点、经济金融、教育培训、法律社会、保健养生、科技博览等内容。

互联网技术也广泛应用于现代公共图书馆的讲座服务。如上海图书馆除了"现场讲授"的讲座形式外，还有微讲座等形式，在讲座微信公众号"讲座图书馆"上开设了"上图微讲座"栏目，便于读者随时随地听取讲座内容。"上图讲座"还提供了讲座在线直播服务，突破了空间与参与人数的限制。网站讲座、移动图书馆讲座、QQ群讲座等在线讲座形式，受到越来越多公共图书馆的欢迎和重视。图书馆讲座积累了丰富的知识资源，许多图书馆对讲座资源进行了后期开发与利用。一是将讲座内容整理成文字，发布或结集出版，这是图书馆讲座资源开发的主要形式，如上海图书馆的《上图讲座》、中山图书馆《聆听智者的声音》、山西省图书馆《文源讲坛：山西省图书馆星期日讲座》等；二是录制讲座音频或视频，经剪辑加工后，发布到官网或者其他多媒体平台，如图书馆官网在线视频、文化共享工程网站讲座视听资源专栏等。

图书馆讲座的社会效益在很大程度上取决于选题的选择，讲座选题应当建立在读者兴趣需求的基础上，充分体现"以人为本"的理念。如安徽省图书馆新安百姓讲堂创办以来，不断调查并听取读者反馈意见与建议，可以调整选题范围，选取与百姓生活密切相关、群众愿意听并且感兴趣的主题。讲座对象可以分为老年群体、女性群体、亲子群体和一般群体。另外，还针对不同的节日推出不同的主题，如在"三·八"节前后推出关于女性群体的讲座；暑假期间推出以亲子教育、学习方法等为主题的讲座；重阳节前后推出以养生保健等为主题的讲座。另外，地方名人、地方文化也是讲堂所注重的主题选择对象。

三、公共图书馆读者培训服务

文献阅读的数字化网络化趋势使到图书馆进行文献借阅的读者数量日趋减少，公共图书馆的职能转型日趋紧迫。据2013年有关人才管理调查，中国人才缺口高达74%，巴西63%，印度53%。这些都充分说明了当下学校教育的不充分性和待补充性。公共图书馆作为公益性文化机构，确应对社会大众的终身教育负起自己的责任，对在校学生、求职者及其他有需求的群体进行免费培训，充分发挥公共图书馆社会教育的职能。

我国公共图书馆读者培训工作较为重视少儿群体的学习教育活动，并力求丰富群众的业余生活。如国家图书馆利用周末举办篆刻艺术鉴赏与实践培训班、古籍版本知识与鉴赏培训班、"北京面人郎"非遗技艺培训班等。上海图书馆举办朗诵艺术培训班。

杭州图书馆开展丰富的少儿培训活动，如围棋、摄影、国画、越剧等艺术类培训；游泳、高尔夫、击剑等体育类培训，写作、编程、数独、智能机器人、无人机、国学等学习类培训，黏土、花艺等手工类培训。安徽省图书馆也在寒暑假期间开展了形式多样的少儿培训活动。如安徽省图书馆与合肥师范学院刘铭传学院合作开展暑期"行知学堂"的实践活动，学习内容包括思想教育、课业辅导、兴趣培养、科学普及、心理辅导、公益实践、安全防护等，受到家长和小朋友的热烈欢迎。"徽文化国学诵读班""爱我中华专题小主持人培训班""编程一小时"等少儿培训活动也极受欢迎。

公共图书馆服务模式正在从以借阅为中心的单一服务转向以学习为中心的多元服务体系。"以书为本"的服务理念在文献获取渠道日益多样化及便利化的今天，需要向"以人为本"的理念转变。在信息化发展日益加快的今天，图书馆已经渐渐失去了文献信息传播的优势，怎样为弱势群体提供力所能及的继续教育，帮助他们获得就业生存的技术与能力；怎样丰富孤寡贫老群众的文化生活，怎样帮助他们走出孤独贫乏的精神生活，是公共图书馆需要进一步思考的问题。

四、面对不同读者对象的公共图书馆读者服务

（一）未成年人服务

少年儿童的阅读对其身心发展有着极大的良性推动作用，如开启心智，拓展视野，增长知识，帮助其树立正确的价值观、道德观、世界观，在其学习生涯中也有助于提高其读写能力和理解能力。因此，少儿的阅读推广一直都是各公共图书馆的重要工作内容。

针对学龄前儿童这一特定的读者对象，英国发起了"阅读起跑线"计划，由英国图书信托基金会、伯明翰图书馆服务部、基层医护服务信托基金会联合推出，这是世界上第一个专为学龄前儿童提供阅读指导的全球性计划。该计划免费为每个儿童提供图书包，包括"阅读起跑线"婴儿包（0~12月婴儿）、"阅读起跑线"高级包（1.5~2.5岁幼儿）、"阅读起跑线"百宝箱（3~4岁儿童），并为0~4岁的全盲和视弱儿童提供触摸图书包。婴儿包由健康访视员在婴儿出生后的第8个月进行规定检查时带给婴

儿的父母，其后则可由孩子和家长向特定机构或管理人员领取。这些图书包指导父母如何引导孩子们爱上阅读，教会孩子们怎样阅读，并提供推荐书目，为儿童的阅读推广提供政府层面的支持和指导，有助于提高整体的国民素质。

鉴于"阅读起跑线"起到的的良好示范作用，我国部分公共图书馆也在政府部门的支持下开展了类似活动。如安徽省铜陵市图书馆的"阅享宝贝"阅读成长计划。该计划始于2018年1月，是以铜陵市人民医院为试点，面向6岁前婴幼儿及其家长逐步开展的阅读推广活动，内容包括送"阅读礼品、阅读培训、阅读服务"。其中，"阅读礼品"主要是由铜陵市图书馆制作、面向新生儿家庭免费赠送的"阅享宝箱"，内有童谣儿歌、婴幼儿绘本、阅读成长档案、亲子阅读指南等；"阅读培训"主要指铜陵市图书馆开展的亲子阅读、早期阅读宣讲和阅读推广讲座等；"阅读服务"则包含铜陵市图书馆举办的各类阅读推广活动。"阅享宝贝"阅读成长计划实施一年多来，铜陵市图书馆累计送出"阅享宝箱"1700余个、图书5000余册及其他阅读礼品，为铜陵市下一代整体文化素质的提高尽到了很好的社会责任。

在向未成年人提供的空间服务上，公共图书馆也进行了多种探索。如英国公共图书馆的儿童馆，可以根据年龄段划分为幼儿区、儿童区和少年区3个区域，并根据儿童不同的年龄阶段提供具有针对性的服务，不同阶段的儿童都能根据自身年龄层次和阅读水平找到适合自己的图书及感兴趣的活动。还有不少公共图书馆开辟了专门的亲子阅览室和绘本室等。另外，图书馆会还定期举办各种主题活动，如参与性强的集体趣味活动，为儿童提供探索知识奥秘、体验阅读乐趣和丰富想象力的机会；并提供辅助服务，主要是面向家长、看护人和教师提供的辅助活动，包括教育培训和家长交流等内容。不少社区图书馆还提供儿童放学后托管服务，儿童可以在馆内写作业、阅读、做游戏，馆员还可以辅导儿童作业。

公共图书馆的未成年人服务也开始走出图书馆，进入幼儿园和中小学课堂。如包头市图书馆自2015年启动的"宝贝计划"花开幼儿园系列活动，主要采用"图书馆+"社会合作发展模式，与幼儿园、包头文艺广播、樊登读书会、悠贝亲子图书馆等多家社会机构合作，集"听绘本""讲绘本""送绘本"于一体，并延伸出绘本剧、手工制作、图书推荐、家长课堂等创新内容，带动了数千个家庭进行亲子阅读。

（二）老年人服务

在国际上衡量一个国家或地区的人口是否处于老龄化社会常用的标准是：60 周岁与 65 周岁以上老年人口分别占总人口比例超过 10% 与 7% 时，意味着老龄化社会的到来。根据国家统计局统计数据，2019 年年末，我国 60 周岁与 65 周岁以上人口分别达到 25388 万人与 17603 万人，分别占总人口比重的 18.1% 与 12.6%，说明我国已经步入老龄化社会。部分老人，尤其是空巢老人缺乏人际交流和文化娱乐，且不易接受新事物，而会导致情绪抑郁，甚至有罹患老年痴呆症的风险。如何利用丰富的文献资源、人才资源和场所资源，为老年读者提供多样化的服务，使之老有所学、老有所乐、老有所为，是公共图书馆在老龄化社会应当思考的问题。

公共图书馆面对老年弱势群体，提供了多种形式的服务。为了方便老年人进行文献借阅，公共图书馆一般都在阅览室提供方便老年人阅读的辅助设备，如字体放大阅读器、语音阅读器等；还会提供专门馆员协助老年人使用电子设备和查询数字化信息；组织志愿者服务团队，针对部分由于特殊情况无法到馆享受服务的老年人，提供上门技能讲解、送书送报等服务。

针对不能熟悉使用电子产品的老年人，很多图书馆开展了手机、电脑等电子产品操作技能培训。如苏州图书馆，自 2008 年起以平江历史街区分馆为试点，推出了"扶老上网"免费培训活动。从 2010 年 6 月起，苏州图书馆及各分馆全面开展了"扶老上网"免费培训。2011 年，苏州图书馆在原有活动的基础上，加强与街道、社区的合作，在各培训点统一悬挂标牌，进一步细化工作，将培训分为"入门、提高、兴趣"三个层次。初级培训主要辅导老人掌握电脑的基本操作方法；中级培训主要辅导老人学会网络聊天、网页浏览、收发邮件、数据存储等；高级培训则包括网页制作等更深层次的学习内容。为了打造"扶老上网"品牌的知名度和影响力，苏州图书馆还组织开展了针对不同阶段学员的计算机技能竞赛、网络征文、网页制作等活动，评选出优秀学员，并建立了学员 QQ 群，为老年人提供交流、学习的平台。

另外，公共图书馆还针对老年人需求提供了多种信息咨询服务，如开展养生、保健等相关知识咨询活动；针对有法律咨询、援助等需求的老年人，与法律机构合作，为其提供遗嘱确立、房产买卖等方面的法律信息咨询。根据老年人的兴趣爱好、精神体力等特点，公共图书馆组织了多种娱乐活动，如歌舞比赛、围棋交流等，以满足老年人的个人精神和情感需求；联合多种社会公益组织，为部分老年人提供更多服务社会、参与社会活动的机会。

老年群体具备充裕的时间，是公共图书馆比较固定的读者群，图书馆应充分考虑其需求，为他们提供更优质、更富有人情味的活动。很多图书馆在讲座活动中把养生保健作为常设性主题，受到老年读者的欢迎。在图书馆展览服务中，老年书画摄影展也占了较大比重，是老年人展现、观摩、交流才艺的重要阵地。每逢重阳节、春节等传统节日，图书馆举办茶话会、读者座谈会、义务写春联等联谊活动，老年读者踊跃参与，既交流了感情，又发挥了余热。

（三）残障读者服务

公共图书馆应当按照平等、开放、共享的要求向社会公众提供服务，残障人士也同样享有公共图书馆文化服务的权利。作为特殊群体，残障人士活动不便，很少有面对面交流的机会，获取学习和教育资源相对来说存在一定的困难，在就业、情感交流等方面也存在着诸多不便，亟须社会的关注和帮助。公共图书馆作为公共文化服务机构，在公民平等地享受信息获取、社会教育、文化交流等方面肩负着义不容辞的责任，图书馆应多个方面探索残障读者服务的形式和内容，充分考虑以下方面：

在文献资源建设方面，图书馆应注意残障读者需要的特殊文献配置。如针对视障读者的盲文书刊、有声读物、为盲人"听电影"特制的录像带、视障专题数据库等。

在硬件设施方面，图书馆应尽量为残障读者提供方便。不少公共图书馆在建设时，全部使用自动门，并在台阶处设坡道，馆内配备直达电梯，能够最大化方便老人、儿童以及行动不便的残障人士出入。图书馆还设有无障碍通道、残疾人专用停车位、专用卫生间、可升降桌椅、低位电话、低位电梯按键等设施，提供备用轮椅，为有听力障碍的人配备助听器等，保证残障人士可以无障碍地使用图书馆。

另外，在软件配置方面，图书馆可提供盲人数字资源、有声读物等；在读者服务方面，图书馆可提供人工基础协助服务，如图书归还帮助、协助打印复印等；在资源获取方面，图书馆可提供屏幕放大软件、数字播放软件等视听辅助工具。有些图书馆还对残障人士进行了技能培训，以帮助残障人士解决在求学、就业等方面的具体困难，如协助制作简历，针对需求进行就业指导等。

2010年7月27日，由国家图书馆、中国图书馆学会特别筹办的全国图书馆信息服务无障碍联盟会议在长春国际会展中心召开，成立了全国图书馆信息服务无障碍联盟。联盟本着服务残障人士、服务社会、服务政府决策的宗旨，加强与各地图书馆和地方残联、各地残疾人协会的沟通，由各图书馆自愿结合，专门从事残障人士文化信息服务，搭建起相对完善的残疾人信息服务无障碍体系，是推进信息无障碍建设、保障残障人士分享公共文化资源建设成果的重要社会力量。2017年9月，由中宣部、财政部、文化部、国家新闻出版广电总局、中国残联组织实施的"盲人数字阅读推广工程"在国家图书馆启动。这些都充分说明了政府对残障人士文化服务的重视。

各级公共图书馆也开始高度重视残障读者服务，从资源建设、人员配备、活动形式等多方面保障残障读者享有图书馆文化服务的权利。以安徽省图书馆为例，该馆设立专门的残障人士阅览室，配备近千册盲文图书及各类盲用阅听设备。联合省、市残疾人联合会，开展形式多样的盲人阅读活动，并组建了一支近百人的文化助残志愿者队伍，常年开展接送盲人读者到馆参加活动，为盲人读者送书上门等。在2008年8月，安徽省图书馆与安徽省残联共同发起"残障人士读书文化日"活动，可以利用图书馆文献信息资源和无障碍阅览空间，组织开展了丰富多彩的残障人士读书活动。该活动常年开展，参加者不仅仅有盲人读者，还有聋哑读者、肢体残疾读者等，他们在活动中获得了非常好的交流、学习的空间和机会。另外，提高残障人士的社会参与度也是增强其幸福感与成就感的重要方面。安徽省图书馆举办了如"安徽省暨合肥市残疾人自强模范事迹报告会"、"我和我的祖国"安徽省图书馆残障读者文艺展演、首届"盛世墨彩与爱同行"公益书画展等活动，参与人数众多，效果显著，深受残障读者的欢迎和好评。安徽省图书馆文化助残志愿服务项目入选2019年文化和旅游部"春雨工程"。

（四）其他特殊类型读者服务

除了对未成年人、老年人、残障读者提供针对性服务外，图书馆还注重发掘社会群体中其他有特殊需求的读者，如病人读者、服刑人员等。

自闭症儿童患者数量目前增长速度较快。2007年联合国大会决定将每年的4月2日定为"世界自闭症日"，自闭症已经发展成为全社会都应重视的问题。我国公共图书馆近年来也开始关注自闭症群体。上海图书馆、山东省少年儿童图书馆接纳自闭症患者成为图书管理员，为他们提供自食其力、走向社会的机会。2017年，由唐镇阳光天地与上海虹口区彩虹笔儿童康健发展中心共同打造的关爱自闭症儿童的"星星图书馆"项目正式启动。除了为公众提供共享阅读的场所外，也为自闭症孩子提供职业体验的机会，旨在帮助自闭症儿童零距离融入社会生活，并弱化大众对自闭症儿童的心理障碍。2017年3月，山西省图书馆在"世界自闭症日"来临之际，举办了"星星的孩子·多彩的世界"，2017山西自闭症儿童关爱行动暨自闭症儿童绘画作品展，展出山西方舟自闭症研究院儿童的绘画作品。2018年5月29日，合肥包河区春芽特殊儿童发展中心的自闭症儿童在老师的带领下走进安徽省图书馆体验阅读，助残志愿者们精心挑选绘本等读物，为孩子们讲述儿童故事，陪孩子们观看并讲解3D益智动画片。

第七章 文旅融合下图书馆文化创意工作

第一节 图书馆文创产品开发路径

图书馆在开发各类文创产品的同时还面临诸多的困难,比如馆藏资源有限,消费者的需求却在不断的发展变化,如图书馆缺乏相关创意人员,人员机构亟须优化等,图书馆的文创产品发展需要不断探索新路径。

一、针对不同人群需求进行设计

图书馆的文创产品最终是要推向消费市场,因此在设计之初就要根据消费者的需求进行设计和开发。这要求对消费者进行深入细致的分析,通过细分消费者,使文创产品更有针对性。只有在有针对性地满足了消费者需求的文创产品才是一个好的产品。例如,年龄较小的幼儿,这个年龄阶段喜欢鲜艳的色彩和图画,将文创产品设计成明亮的色调和卡通的图画能吸引这个年龄段的消费者。此外,在制作材料上要环保,性能设计上要安全,这样也满足了家长的购买需求。青少年消费者的求知欲强,对知识的渴望促使他们对科技类文创产品非常感兴趣。因此,应针对青少年的特点开拓了一些科普类产品或者体验性文创产品。中青年读者的文创产品多从电子产品的角度出发,满足实用和便携的特点。针对老年人的文创产品要兼具文化价值和收藏价值。国外图书馆也针对不同的消费者群体开发了不同的产品类型。比如,针对少年儿童设计了吸引儿童的益智产品、文具等。与旅游产业联合开发出了针对游客的产品,这类产品通常突出地方特色,让游客对带有鲜明印记的文创产品产生深刻记忆,刺激需求。还有针对女性消费者的居家及手工文创品。有的图书馆开发了多样的文创培训课程，有针对少年儿童的，也有根据职业划分的各类职业培训。

一个深受消费者喜爱的产品需要有符合消费者需求的创意设计。这就要求文创产品在着手设计之前要充分了解消费者的需求。可以通过调查问卷或者当面访谈等形式，来了解消费者在文化资源类型、商品形式、价格等方面的信息，针对消费者的需求设计文创产品。在相关调查问卷的设计中，要精确设计调查内容，相关内容包含需求类型、阅读爱好、性别、年龄等。国外很多图书馆都开设了一些体验类文创产品类型，让消费者亲自参与其中，不仅加深对文创产品的理解，而且还可以及时地收集消费者在消费过程中的状态和感受，总结反馈消费信息，及时调整文创产品的体验方式。从消费者的反馈中，可以激发灵感，创新出新的文创产品类型。

二、依托馆藏资源特色开发产品

馆藏是图书馆在进行文创产品设计时最主要的创意来源。馆藏是许多优秀文化的集合，只有从优秀文化资源中获取灵感才能开发出有创意的文创产品。图书馆的馆藏不仅指保存的相关资料，而且还包括了对相关资料的整理、分析、保存方法等各方面知识体系。特别是一些地方图书馆，馆藏不仅形式多样，相关的保存方式、技术方法等更是具有地方特色。特别是省级图书馆集合了各市、县优质特色资源，集中保存了当地民众生产生活、社会风俗的历史资料。各地特色资源建设要以馆藏资源为中心，更要重视从公共服务对象的实际需求出发，形成选题独特、自成体系的格局。从这些特色的文化资源中寻找亮点，一定能开发设计出吸引消费者的文创作品。因此，优秀的馆藏资源为文创产品提供了基础，哪个图书馆拥有优秀的馆藏资源，哪个图书馆便会在文创产品发展中抢占先机和优势。根据馆藏进行文创产品的开发，使相对封闭的馆藏资源的精华以文创产品的形式进入了消费者的视线，对文化的传播和学习提供了崭新途径，也是图书馆延伸业务的一种新形式。在文创产品的开发和设计过程中，图书馆也调动了人力、物力、财力，不仅调动了员工的积极性，也开拓出更多的图书馆业务类型。因此，文创道路上也开拓了许多图书馆新业务类型，增强了图书馆人员的业务技能。挖掘图书馆的馆藏资源不是简单的表层学习，不是将图书馆的标志、代表性的馆藏或者建筑标志等以符号的形式添加到文创产品表面，而是要进行深层次地挖掘和利用。将馆藏的核心精华部分进行提取加工，形成创意思维，让文创产品包含深层文化元素。

基础消费者的文化认知的文创产品才能引起消费者的共鸣，因此文创产品的设计本质就是要包含引起消费者消费兴趣的文化因素。当下很多图书馆基于馆藏书籍或者古代传统文化进行文创开发，一方面是由于中华文明历史悠久，能开发和利用的优秀资源众多，值得现代人学习和借鉴的文化资源继续宣传和利用，起到借古明今的作用。另一方面，虽然中国有诸多优秀的现代文化资源，但出于版权因素等，文创设计和开发的成本较高，无法进行生产。借鉴优秀古籍开发的文创产品，虽然具备了知识性，但也要注重趣味性。因为部分消费者可能由于知识结构不同或者语言文字的难以理解，对古籍的知识难以形成正确的认知，转而不理解此类文创产品的文化内涵，不能引起消费者的文化共鸣。因此，基于古籍开发的文创产品要对文字和知识进行现代化处理，可以拉近古籍和现代消费者的文化距离，使消费者产生文化认同。此外，图书馆还可以开展多种形式的活动，对大家并不熟知的文化资源进行宣传和普及，可以通过图书馆战略、宣传活动、文化竞赛等各种方式吸引消费者参与。在消费者对文化基础有一定了解的基础上再推出相关的文创产品就能带来良好的社会效益。

图书馆的文创与其他单位的文创产品最大的不同在于其基于馆藏资源的特征。因此，要提高文创产品的经济和社会效益，要从文创产品的设计原材料做起。图书馆要利用各类活动对自己的馆藏资源进行介绍和推广，并对优秀资源进行重点宣传，使消费者对馆藏特点形成深刻印象，引起消费者对某一类文化资源的兴趣。最后，还可以通过社会调查或访谈等形式收集关于消费者对文化资料的了解情况的相关信息，形成消费者数据，为文创产品的设计形成消费参考。

三、从地域特色文化角度开发产品

中国国土面积广阔，各地区在发展过程中形成了自身的特色，这些特色表现在风土人情、自然地理风貌、饮食文化等多个方面。从各不相同的地域文化入手进行文创产品开发是个很好的创新视角。不仅使不同地方的文化相互了解，而且也有利于文化的融合和发展。因此，带有地方特色的文创产品是非常重要的文化交流素材。这类文创产品能有效地避开模仿和复制，增加原创性。图书馆根据馆藏进行的创意，不是仅仅限制于书籍，图书馆还可以将地方特色的馆藏资源内容进行开发，设计出外表和内涵兼具地域性文化的文创产品。地域性文化资源加上创意就开发出了既能引起本地人文化共鸣的产品，也能激发外地人文化兴趣的文创产品。例如，熊猫是中国的代表性动物，深受大众的喜爱，再加上杜甫的文化因素，四川省图书馆设计出了杜甫加熊猫的文化产品，成为了以地方特色为基础的文创产品成功案例。

文创产品就是应该结合地域文化进行创新，将地方的发展历史、传奇故事及人物传记等通过文创产品的形式加以传承。因此，地方图书馆在地域性文化资源方面具有绝对优势，这是其他地区所不具备的，在掌握了优势资源的基础上，再进行开发才能事半功倍。通过发展地域性文化开拓文创市场，是最适合中小图书馆发展的路径。中小图书馆的馆藏资源不如各大图书馆丰富，也缺乏著名的文献和较大历史价值的文物。因此，在馆藏文化资源方面，中小图书馆并不占优势，将地方特色文化融入文创产品中是最合适的办法。在特色文化的基础上，开发各种形式的文创产品，不仅使当地消费者重温历史传统文化，也吸引了许多外地的消费者。因此地域类文创产品和旅游业联合发展对拓宽文创市场非常有帮助。比如，南方可以将广州的粤语、庙会、海上丝绸之路等文化因素，融入文创产品，以粤语生动的词汇作为文创产品的卖点。北方如内蒙古则可以草原为特色，融入当地少数民族的性格特点，以凸显当地图书馆的文创产品风格。

可以看出，以地方特色文化为素材挖掘文创产品的做法，要求图书馆必须走出对自己馆藏的认知和局限，图书馆人应当从传播文化角度，作为省级馆应该放眼全省地域范围，深入市、县、区甚至乡村，发现特色素材进行打造和推广，否则囿于图书馆所在地开展文创工作，视野和创作内容必定受限，市场反应也必然平平。

四、结合现代科技开发产品

在科技迅速发展的时代，新技术成为人们的消费热点，文创产品也应该符合市场潮流的变化，与科技手段结合发展，开发科技含量高的文创产品。对现代人来说，生活节奏加快，人们没有时间到图书馆进行借阅和学习，图书馆的数字化技术推出的许多电子资源就很好地满足了消费者的需求。此外，图书馆文创产品的发展还可以与其他行业联合发展。文创产品和旅游业有千丝万缕的联系，设计开发针对游客的地方特色文创产品和体验类文创活动都是很好的产品形式。此外，文创产品的发展也可促进传统制造业的发展。传统制造业的产品注重的是产品的质量和技术特征，注重实用性。但随着消费者需求的不断提高，单纯的实用性产品已经不能吸引消费者的兴趣，如果加入文化元素进行改进，那么普通的产品就呈现出文化的光彩，符合现代人对文化的追求，促进了生产制造业的发展。

文创开发与现代科技相结合，开辟出一条新的路径，文创产品的发展要紧跟时代步伐，既要传承传统文化，又要以现代的方式呈现出来。因此，文创产品和现代科技联合起来是发展新路径。近年来，人工智能技术已经广泛应用于文创产品中，也成了最受消费者欢迎的一种文创产品形式。将传统的历史文化用人工智能的形式表现出来，如设计给儿童的智能陪伴机器人，在内部芯片中将中国传统文化故事、国学知识等融入其中，深受孩子们的喜爱。还可以将图书馆的实物资源数字化模式展示出来，使更多的读者了解到罕见的文化资源。现代的科学技术已经应用到了文创产品的各个环节，从创意初期的消费者调查到文创产品的消费者回馈信息，数据的整理、分析等都用到了现代技术。

现代的新媒体技术在文创产品中也广泛应用，利用 VR 形式，可以让消费者体验身临其境的感觉。通过现代模拟技术可以模拟出历史文化场景，让消费者亲身体验文化环境带来的感受，可见伴随着现代科技的发展，技术因素成为文创产品不可或缺的组成部分。

馆藏的文化资源通过科技手段得到更广范围的传播，成为大众可以日常接触的产品。如将著名的书法作品以电子化形式进行展现，或者将一些文化资源录制成小视频的形式，并以二维码的形式出现在文创作品中，扫描二维码消费者可以得到更多的知识，不断加深了消费者对文创产品的理解。国内的许多文化专家都达成了这样的共识：文创产品的开发与发展，离不开现代科技的应用，文创产品的设计要紧跟时代发展。利用现代技术开发文创产品成功的例子不胜枚举，如美国纽约市公共图书馆的 Lumio 书灯、美国国会图书馆精密测量气象指标的天气手表地球仪等。

五、开发多种类型多种系列产品

图书馆的文创产品通常是依照消费者的日常生活物品进行设计，大多数产品为实体类的产品，这些产品对消费者来说，既是实用的生活物品，又是符合精神需求的物品，因此购买欲望高于其他普通实体型产品。但是文创产品的类型应该是多元化发展的。产品的表现形式也应该根据消费者的需求和时代特点产生变化。如，英国的大英博物馆就有书籍和媒体、首饰等七大类，大都会博物馆则分为首饰、手表、挂画等九大类，这些大类下产品种类又非常丰富。可以看出，将一个选定的文化资源应用于文创产品后，使文创产品按照主题系列发展，将同样的文化元素运用与不同的产品形式，设计出一整套的文创产品，注重这一文化的传承性，系统发展了文化内涵。这样做不仅增加了文创产品类型，而且还推动了文化从历史到现代的延续。

图书馆的文创产品依据功能类型表现出下列特征：关联性、独特性、组合型、互换性。第一，文创产品根据设计的文化资源产生了一定的关联性。通常形成了有关联的一个组合的设计和一系列的产品设计。这类产品表现出文化的系统性特征。第二，根据独特的文化资源设计的文创产品通常表现出独特性，这类文创产品不易被复制和模仿，是地域性特色文化的代表形式。第三，不同功能的产品体现出了组合型特征，某类文化和某类文化的组合形成的文创产品表现出这一特征。第四，在一个系列的产品中，有些产品是可以相互交换使用的，此类产品的功能相同。在国图旺店中，我们可以找到许多同种文化资源开发的产品类型，这些产品形成了一个系列，体现了文化的完整性和系统性。系统开发的好处在于，可以将同类元素进行整体应用，还能运用在不同的产品类型中，满足消费者需求的多样性，也增加了销售量。

六、产品开发目的不忘公益性

文创产品对图书馆的业务提出了更高的要求。文化传承是图书馆的基本功能之一，文创产品是一种全新的文化传播形式，因此图书馆有责任充分做好这项工作。但是，在发展文创产品过程中要注意避免陷入产品开发的误区。文创产品要体现文化特色，而不是为了符合市场的需求去发展低俗的文化，要注重文化传播的质量。在相关的生产、推广环节，文创类产品和其他商品不同，他不仅肩负着经济功能，而且更具有文化传播功能。因此，要避免在发展中受市场利益的驱使，使文化产品失去文化特征，成为一种单纯追逐利益的产品。

图书馆的文创产品最主要的功能不是创造和增加收入，而是图书馆业务的延伸和发展，是以教育性为主要目的。在市场经济中，由于文创产品属于需求弹性较大的非必需品，消费者对价格敏感性较高，因此，制定文创产品的价格标准和价格规范实为必要。公共图书馆对文创产品的定价要符合市场规律，并在相关部门的监督下执行。多次强调了文创产品是图书馆的业务延伸，创造经济价值不是主要目的，因此在产品定价时要充分考虑这一点，避免造成以追逐经济利益为首要目标而忽视了文化的传播价值。

七、常用图书馆文创产品设计方法

图书馆进行文创产品设计时常用的创作方法主要包括以下几种：

1. 直接提取法

文创产品设计中最简单的方法就是将文化资源的代表性符号直接印制在产品上，这类产品创作成本低，文化含意浅显。现在市场上有很多这样的产品，就是直接采用印刷的形式将图案或文字加注于产品上。直接提取法中的图片提取可以变化成多种形式，图片比文字更能吸引消费者的兴趣，图片的应用丰富了文创产品的外观，带给消费者直观感受。此外，一些有形文化标志也可以被制作成缩小版，这些标志可以引起消费者的文化认同感，还可以刺激消费者的消费欲望。

2. 抽象变形法

图书馆可以将馆藏资源中的图形、内容等进行抽象化，从中提取有用的部分，进行再加工、再升华，采用多种设计方式，应用于产品的造型、产品的内涵等。这种类型的文创产品文化内涵丰富，有设计感，深得消费者的喜爱。

3. 寓意法

通过将传统文化中有一定寓意的文化元素提取出来运用到产品外形设计中。不同类型和不同需求的消费者都可以从中找到符合自己需求的精神寓意产品。例如，将名人名言运用到学习用品中，在学习过程中起到实时激励作用。把吉祥寓意的文化元素运用到装饰品中，满足人们对美好生活追求的愿望。

4. 概括归纳法

概括归纳法是将大量有关联的图片、影像、文学作品、事件、故事等进行收集、整理、分析、归纳和重构，可以创造出一个新的形态的方法。图书馆在创造文创产品时还可以将相关的文献资料、传说、地方风俗等进行分析和创造，得出一个新的形态。从特色文化资源中发展的创意更具有吸引力，但这类产品的设计要求创意人员具备深厚的文化基础和独特的设计灵感，对人员的要求较高。

5. 充分运用多种设计方法

文创产品的设计方式是多种多样的，在同一产品中可以综合运用多种方法，使创意的展现形式更具灵活性。因此，需要在设计时评估哪几种展现形式的联合是最优的，在各种设计方式的联合下，从不同角度来吸引消费者的兴趣，满足不同消费者的购买需求。

第二节 图书馆文创开发合作模式

一、加强馆际合作交流

图书馆文创产品的开发离不开单位的相互合作。图书馆的馆际合作主要体现为两个层面的合作。第一个层面是图书馆之间的合作，目前图书馆界已成立文创联盟，即"全国图书馆文化创意产品开发联盟"。相互约定共享馆藏资源和创意，共同开发文创产品，共同发展图书馆事业，这是出于文化传播角度的合作。第二个层面的合作是指图书馆与其他文化单位及生产性企业的合作，图书馆与相关业务单位共同合作进行设计开发，这样既对接了市场需求，也能最大限度地将文化资源应用到产品中。

"全国图书馆文化创意产品开发联盟"为图书馆进行文创工作提供了全面工作指导，以促进图书馆从人力、物力、财力等方面进行共同合作，来开展文化交流和共享，使文创产业走向快车道，同时也为图书馆进行文创工作提供了标准和行业规范。这一联盟形式可以促使各图书馆协调运转，也可以充分发挥馆藏资源优势，调动了文创工作的积极性。同时，有效避免了各图书馆之间的模仿和复制，有利于促进发展原创性产品。在明晰知识产权的前提下，各图书馆可以相互合作将各自的优势资源进行共享，共同创作出优秀的文创产品。各图书馆共同合作的文创产品更具有公信力，在市场上能快速赢得消费者的信任。对于在多个图书馆都有的馆藏资源，在合作开发的时候可以有效地避免重复开发，能够做到保留有价值的文化资源。在文创产品的销售环节中，馆际合作关系能有效地突破地域市场之间的屏障，避免地域垄断，促进文创市场的合作式发展。在合作关系中，还可以借助其他图书馆的优势来避免自己的劣势，有效做到取长补短。通过联盟形式还可以让图书馆处于有序发展状态，避免无秩序的创意，为发展良性文创市场提供了制度保障。我国图书馆的文创产品处于初步发展时期，各单位之间的合作和交流能快速促进文创产品的开发。因此，馆际合作将有效推动文创产品的发展。同时，在全国的各类文化交流会中，图书馆联盟也起到了文化的强大宣传作用。2017年5月，广东省立中山图书馆尝试携12种新开发设计的文创产品参加"第十三届深圳文博会"，产品基本陈列在此次广东团展览之内。可见，在馆际合作中，各图书馆能迅速地找到适合自己的文创道路，在发展中能根据自己的优势和劣势进行市场地位，既避免了文创产品之间的重复开发和无序竞争，更有利于将最优势的资源宣传出去，还能促进了全国文创产业的发展。

二、加强市场化运作

图书馆要转变以往在传统业务中的工作思想和工作方式，进行创新发展，开拓新的业务模式，以融入更广阔的文创市场开创道路。图书馆工作人员虽然由多种专业人员构成，但是基本以图书馆相关专业为主，还是缺乏经济类和管理类相关人才，或是相关人才实战经验不足，因此，在文创产品的设计和开发中，缺乏市场开拓意识和竞争精神。图书馆能够借助强大的文化资源优势与企业展开合作，可以综合利用自身文化优势和企业的市场优势，共同参与到文创产品的市场发展，创造一个有序、高效的文创市场。在文创产品的市场运作上，也要依据经济规律，来分析文创产品的市场需求弹性和消费者的偏好，在不同类型消费者市场中做到针对性地投入产品，做好产品的销售渠道，使正确的文化资源传递到合适的消费者手中。文创产品的开发要注重图书馆的文化形象和文化特色，并将设计开发的各个环节纳入评价机制，促进文创市场的健康发展。

目前，图书馆和相关单位合作的文创产品主要基于授权形式开展，图书馆授权给生产企业进行生产，授权相关销售平台进行市场推广。这种松散的合作关系不利于长期合作和发展，需要找寻一种长期稳定发展的合作模式，图书馆拥有深厚的文化积淀和文化理解，授权的企业能将文化资源理解和运用到什么程度是不可把握的，因此开发出的文创产品可能在质量和等次上存在较大差异，不能最大限度地将文化资源的底蕴和魅力展示出来。在开发过程中，为保障文化资源的充分展现，可以将文化创意以知识产权的形式入股，图书馆在创意中起主要作用，形成合力的资源分配关系和利益分配机制，促进文创市场有序、健康发展。图书馆可以利用公共文化服务的社会地位寻找合适的开发企业，还可以借助政府各部门和企业的力量形成稳定的合作关系，合作中始终遵循保证文创产品的经济价值和社会价值为目的。

三、相关产业跨界融合

《关于推进文化创意和设计服务与相关产业融合发展的若干意见》提出加强图书馆与旅游业等相关产业的联合发展，开发出适合青少年群体的文创产品，以促进文化资源走进校园。各级图书馆可以充分利用这样的发展机会，开发针对青少年的文创产品和文创类体验活动，将文创与研学活动有机结合起来，促进文化资源在青少年群体中的传播。在青少年的研学活动中，图书馆可以开发相关的馆藏资源介绍、文学阅读、传统文化产品制作等活动吸引青少年群体的兴趣，使他们从小感受到知识海洋的浩瀚，激发求知欲。

图书馆在针对研学的文创产品开发中要注重产品开发的年龄和知识要求，开发适合这一年龄段的产品，针对不同年级的学生开发不同文化水平的文创产品。文创产品可以采用的展示形式也是丰富多彩的，年龄较小的学生可以采用动画和绘本的形式进行讲解，年龄稍大的学生可以采用知识问答和科普讲座的形式。采用旅游和文化开发的方式将文创产品推广到青少年群体中，促进了图书馆业务的拓展。

文化和相关产业的融合发展为图书馆的文创产品开拓了新的发展方式，在此基础上，图书馆发展出了一些"文化+"的发展路径。比如，文化与科技结合，将新科技手段应用于文化产品中，开发出了一系列的文创产品新形式，如数字化媒体技术的应用产生了体验型文创产品，促进了数字化文化资源的传播，拓宽了图书馆的业务空间，不仅出现了虚拟服务空间，而且还大大增加了图书馆的业务服务范围。文化还可以与医学进行结合，伴随着消费者文化水平的提高，人们渐渐学会从文化资源中学习日常的保健和医疗知识，图书馆可以提供专门的保健医疗数据。文化与许许多多的方面进行结合，都创造了丰硕的文创产品形式，推动了文创产品在联合中成长。

近年来，伴随着人们生活水平的提高，旅游业发展迅速，但传统的观光方式已经不能满足消费者对旅游的需求，人们希望在旅游过程中汇总感受到的文化和知识性体验。在当前的一些合作实践中，依据当地文化特色设计的文创产品深受游客的喜爱，体验型的文创产品大大增加了旅游的趣味性，人们不仅观看当地的自然风光，更体会了当地的文化，增加了知识积累。国家图书馆和河南省图书馆在这一方面率先进行了尝试，开展了针对青少年的"研学旅游"的一系列活动，把文创产品融入到旅游中，使传统的观光游变成了知识游。2018年3月13日，国务院机构改革方案出台，国家旅游局与文化部合并，组建文化和旅游部，这是推动文化和旅游产业发展的重要举措，也在制度和政策方面为二者融合式发展提供了保障。

第三节 图书馆文创工作的内部管理

一、规范图书馆内部管理机制

1.积极转变思想观念

文创产品承担着文化资源宣传和传承的重大责任。目前，我国图书馆的文创工作处于初步的探索阶段，想要提高图书馆文创业务的积极性，要从根本思想观念上入手，使图书馆充分认识到文化业务是图书馆业务延伸的重要方向，是必然发展趋势，不能等，不能靠，要积极发展起来。要从人员的思想观念出发，加强思维开拓创新，拓展文创产品种类。

2.根据实际情况，建立适合的开发管理机制

由于各个图书馆在组织结构和人员构成方面都不尽相同，因此在开发管理机制方面要因地制宜，要尝试开拓适合自己的发展道路。各图书馆的部门设置和工作内容各有差异，将文创工作设立专门部门，还是分摊到各个部门中，哪种管理机制是最好的，需要评估自身特点后再决定。此外，各图书馆也应尽快依据国家相关规定，制定出适合自己图书馆的人员和业务管理机制，形成管理体系，从运行机制上保障文创工作顺利开展。

文创产品的开发需要的基础条件首先是馆藏资源，不是所有的图书馆都有条件开展这一业务。另外，文创产品的开发形式也需结合自身条件进行选择，有丰富馆藏资源和设计开发人员的单位可以选择自主开发。虽然有丰富的馆藏资源，但人员结构不能满足创意要求的图书馆可以采用与企业合作开发的形式。

3.设立合理的奖惩机制

文创工作也需要运用激励管理机制。文创业务作为图书馆全新的业务形式，工作要求不同于传统的服务项目，要求员工具有创意性思维和深厚的文化积累。还需要进行广泛的市场调查，要摸清消费者的喜好，还要结合文化特点开发出针对性的产品。这一过程需要工作人员付出巨大精力。因此，需要合理的激励机制对创意人员进行奖励。

除了股权这一经济方面的激励外，还可以采取非经济激励的方式，如在工作中晋升和职称评定方面的优先考虑。图书馆可以向比较成熟的文博单位学习，国家文物局发布的《关于促进文物合理利用的若干意见》中明确指出，在文创工作中要加强奖惩管理体制，对有文创贡献的员工给予及时的激励，可在绩效考核等方面有所体现。同时，对于在文创业务中出现过度开发或者与社会单位之间形成不正当利益关系的员工也要给予惩罚。合理的奖惩体系是进行文创工作的体制保障。只有树立了合理的机制，才能规制工作人员在合理合法的范围内对文创产品进行开发，调动工作热情，促进了图书馆文创业务的健康发展。

二、加强专业人才建设，提高图书馆文创产品水平

图书馆进行文创产品开发，文化资源基础是占有优势地位的，但也存在一定的劣势。图书馆人员结构中缺乏相关专业的设计人员、经济管理运营人员。因此，在文创工作中遇到了一些困难，当务之急是找出解决人才匮乏的措施。

1.加强人才培养

首先要从图书馆人员队伍出发，加强馆内人才的培养。从图书馆紧缺的设计、经济、管理等方面入手，设立人才培养制度，培养自身的可用之才。图书馆要从现有人员的专业构成、年龄结构等方面着手，选出适合文创产业的人才，对应其工作业务安

排，开展相关培训；树立起创意理念；逐步形成设计、营销等方面的团队，强化内部人员的力量。对于文创工作相关或相近专业的人员进行重点培养，这类人才已经具备了文创工作的基础知识，因此培训成本相对较低。图书馆还可以与其他的文化单位建立合作关系，学习其他单位先进的人才培养模式，逐渐摸索出一套适合自己的人才模式，并在交流和学习中形成共同的人才培养模式。图书馆还可以借助高校的力量，联合开设相关专业，为图书馆的文创工作培养和储备人才。图书馆还可以派出相关人员到其他单位学习，或者参加国家相关部门的培训会。总之，图书馆要从自身做起，寻找适合自己的人才培养模式，逐步建立文创产品设计开发、营销推广等一系列的工作团队。

2. 引进专业人才

图书馆文创业务的发展不仅要从自身展开人才培养，而且也需要不断从社会人才中增加新力量。自身的培养模式毕竟是漫长的过程，培养一个合格的文创人员需要几年的时间，而文创工作刻不容缓，因此引进急需的专业人才是较快速、有效的办法。引进所需的文创人才，图书馆要制定相关的人才引进政策，依据所需的创意设计、新科技、计算机、经济、管理等方面的人才设立招聘职位。图书馆也可以以合同制聘请一些企业的优秀创意设计人员加入文创业务中，发挥各自优势，形成文创团队。图书馆还可以聘请文创方面的专家，形成人才智库，为文创工作的开展提供重要的政策建议。人才智库在文创业务中要从战略高度出发，给予文创工作方向性指导和重要规划指导。

图书馆可以与企业合作，聘请企业人才为图书馆的文创项目市场可行性进行评估和预测，并提出相关改进意见。文创产品开发需要调研市场需求，需要对销售渠道和销售模式展开调研，对销售进行预估，还要对产品的销售情况和消费者的消费反馈进行信息收集和分析。这些工作图书馆要借助企业人才的力量完成。总之，图书馆的文创工作既需要掌握理解文化资源的人才，又需要把握市场经济规律的人才，人才引进是一种有效的措施。

三、拓宽筹资渠道，引入多元投资

图书馆的资金主要来自财政拨款，而这些拨款主要用于基本文化公共服务，因此文创产品缺乏资金支持。但是，在市场经济和文化传播的推动下，图书馆开展文创业务势在必行，因此需要图书馆寻找用于文创工作的资金。已设立下属企业的图书馆进行文创产品开发经营，也可通过国家级和省级的文化产业发展，专项资金申报方式得到支持。这些政策在一定程度上缓解了图书馆文创工作的资金压力，但是想要做好文创工作所需的资金还远不止这些，因此需要图书馆从社会力量中寻找资金渠道，还需要通过企业注资的方式加大资金投入。

社会资金的介入会有效缓解图书馆的资金压力，并可以提供产品设计和推广方面的优势，推动文创产品的快速成长。图书馆还可以寻找互联网电子平台进行合作，既降低了资金限制又扩大了宣传范围，并通过文创互联网金融平台的形式，为文创工作筹集资金，通过金融化降低文创产品的资金障碍。

第四节　图书馆文创产品营销管理

一、打造文创产品品牌

文创产品发展到一定程度会形成品牌效应，品牌化经营的文创产品不仅提升了产品形象，赢得消费者的信赖，而且还能取得更好的经济效益。图书馆应该注重文创产品的质量提升、文化内涵的提升等，打造有品牌影响力的产品。通过参加国内的图书馆文创品牌的会议和相关活动，将品牌进行推广，形成有知名度的优秀品牌。具有品牌的文创产品能创造巨大的经济效益，文化传播功能更强大。例如，迪士尼就利用品牌效应开发了一系列的文创产品，产品涉及类型众多，获得了巨大经济效益；国内也有非常优秀的文创品牌，最具代表性的就是"故宫"和"紫禁城"，这些系列的产品被消费者所熟知，品牌效应显著。消费者是基于文化的信赖产生了显著的产品信任，无形中增加了产品的认知度。苏州博物馆的"国宝味道之秘色瓷莲花曲奇",湖北省博物馆与编钟有关的"天籁"和"曾侯乙编钟乐舞"商标,这些都是具有地方特色的文创商标,消费者见商标知文化,实现了良好的文化传播功能。

二、整合馆内外各种资源,探索多种营销模式

图书馆应该充分发挥自身营销主动性和外部企业联合的优势,进行多路径宣传推广,增强文创产品在市场上的营销能力,并逐步形成品牌效应。如故宫博物院就借助媒体的力量宣传文创产品,产生了良好的反响。故宫博物院推出的纪录片《我在故宫修文物》,虽然仅有短短3集,却在网上迅速走红,引起了消费者的极大兴趣,湖南省博物馆联合湖南卫视制作《博物馆翻箱底》电视节目,借助栏目的知名度将珍贵的馆藏文化进行宣传和推广,激起了消费者对相关藏品的强烈求知欲。上海图书馆联合央视《朗读者》栏目,在线下开设"朗读亭",既提高了全民的阅读能力,激发了阅读兴趣,又增加了文创产品的销售量。现代社会互联网技术使人们的消费方式发生了变化。生活的快节奏促使人们更加倾向于网上进行消费,老年人网上消费的人数也逐年上升。互联网消费者是一个巨大的消费群体,图书馆要充分重视互联网这一销售空间,将文创产品通过互联网平台进行宣传和销售。文创产品可以通过网店、电商平台、自建网络互动平台等,也可以开展个性化销售,如通过QQ(群)、微信、微博、博客、BBS等进行展示。除了图书馆内部空间展示外,文创产品的销售渠道也得到了极大的拓宽,并且互联网技术能突破空间限制,使千里之外的消费者也能轻松浏览和享受各地的文创产品。在互联网的线上营销模式下,图书馆的文创产品销量大增,同时还要注重做好售后产品服务,如增加产品文化的网上讲解,逐步打造出著名的文创品牌。如,2017年4月,广东省中山图书馆与第三方合作,联合举办VR虚拟数字图书馆体验活动,运用VR虚拟技术的应用,能够展示全景虚拟展馆,向读者传播国学的相关知识。同时,还可以通过虚拟展馆,读者可互动进行六艺知识问答。总之,各图书馆都在积极探索新的营销发展路径,既要充分从图书馆内部拓展营销方式,又要加强与外界的联系,通过跨界合作将文创产品推送出去。

三、充分利用名人、经典以及畅销作品的感召力

在文化领域的一些名人或者经典的名著已经在消费者心中形成了文化形象,因此借助名人或名著的效应设计的文创产品能更快地被消费者认知和认同,这类产品能走进消费者的内心,可以激发消费者对文化的兴趣,具有良好的社会效益。这类文创产品在被消费者认可的同时也宣传了图书馆的知名度和品牌,如牛津大学波德林图书馆将托尔金的书以及哈利波特等整理为一个单独类目,消费者对这类图书的喜爱为图书馆进行了很好的文化宣传。纽约公共图书馆将知名女画家 Frida Kahlo 的画像印制在袜子等产品上,经典童书绘本《好饿的毛毛虫》图片印制在儿童衣物上,米开朗琪罗名言 "I am still learning(我仍在学习)" 被印制在衣物、手提袋、皮革杂志等物品上。这种名人效应产品也很快获得了消费者的青睐,成为彰显文化气质的个人必备单品。可见,名人和名著已经形成了良好的社会效益,相比其他类型的文创产品,此类文创产品更容易打开市场,但在发展中要注意避免复制和重复开发。

除了名人或名著的显著效应外,图书馆还藏有很多珍贵的、不为大众熟知的文化资源,这类文化资源更需要发展和传承下去。图书馆可以开展针对特别文化资源的宣传和展览活动,将自己的馆藏文化进行宣传。这种宣传有利于消费者加强产品背后故事和人物的认知,增加学习和掌握此类文化的兴趣,使消费者通过先了解文化再认同文创产品,最终形成对文创产品的喜爱。这类文创产品对文化资源的价值起到了显著的传承和发扬作用。如美国国会图书馆、牛津大学波德林图书馆把展览作为一个单独的类目,列出图书馆曾经开办过的有影响力的展览和相关文创产品。美国图书馆协会将庆典和事件作为一个二级类目,其下商品多为图书馆开展的会议、活动等,某些产品还直接与事件的新闻报道和介绍链接,消费者可以点进去直接查看相关事件或活动介绍。这些业务内容都使消费者能充分了解文创产品产生的文化背景、蕴含的文化内容,从而能够激起购买欲望。

四、发挥图书馆联盟在营销中的作用

面对当前图书馆界的营销体系,各个图书馆正在不断发力。同时,联盟通过一系列措施,帮助各个图书馆建立和发展销售渠道、拓展营销新模式、创新营销推广理念,促进各馆之间营销资源的交流和共享。

(1)图书馆联盟负责构建图书的文创产品的展示平台,将各类文创产品放置于平台上,按照文化元素、产品类型、产品价格等门类进行归类,各单位可以通过平台更好地了解文创产品的开发情况,总结优势和特色,可以避免文创产品的重复开发。

(2)当前网上购物的人群占比越来越大,线上购物成为一种主要的购物趋势。文创产品也应利用这一电子化的销售平台打开销售渠道。图书馆联盟通过强大的资源组织能力,在平台上开展线上销售。消费者会面临更多产品选择,可以在联盟内选择符合自己偏好的产品。同样,图书馆联盟还有着强大的组织能力,可以为消费者解决一些售后问题,因此给予了消费者良好的购物保障,促进了消费。同时,线上的平台负责销售技术的维护等,降低了图书馆的销售成本,有助于图书馆集中力量在文创产品身上下功夫。图书馆联盟还可以通过组织的力量制订产品推广计划,凭借组织优势开展各种产品展览活动,促进文创产品的宣传,提高知名度。最重要的是,图书馆联盟有助于中国的文创产品走向国际市场。图书馆的单打独斗很难在国际市场上站稳脚跟,但图书馆联盟集合了各图书馆的优势资源,在市场上具有强劲的竞争力,在国际市场上可以创造良好的中国品牌效应。

五、提高用户黏性,培养用户习惯

提高文创产品的销售业绩最重要的是要全面分析消费者的消费偏好和消费习惯。在进行产品的设计开发时就切合消费者的需求偏好,找到产品与消费者偏好的结合点就能打开销售渠道。因此,将文创产品的精神深入消费者的日常生活、学习及工作中,形成一种固定的消费习惯时,消费者对文创产品的消费粘黏就已经形成。因此,培养文创产品消费者的消费忠诚度是形成消费黏性的重要环节。

第五节　文创工作的政策支持与产权风险归避

一、寻求政策支持

图书馆在文创产品的发展道路中会遇到很多困难和障碍，因此需要寻求政策的支持和保护，形成良好的制度环境。同时，图书馆的领导也要重视文创产品的开发，对内引导馆员看清文创产品是图书馆业务发展的必然趋势，对外积极向有关部门寻求政策支持，加大开发力度。

政府对文创产品的政策是保障文创产业顺利发展的重要因素。在文创产品发展较早和较发达的图书馆案例中均可发现，政府的政策起到了风向标的作用，是文创发展的重要保障。图书馆的文创产品不仅需要进行全局规划，而且也需要在各个环节进行具体设计，如资金来源、资金分配、利益分配等，这些环节都需要有具体可依据的政策。

文创开发工作属于文化产业的范畴，省级图书馆可以依据相关政策精神，努力争取上级主管部门的理解与认可，把文创开发工作纳入重点扶持项目，为图书馆发展文创产品引进资金。政府的财政可以加大对图书馆的资金支持，在保障图书馆基本业务的同时，还能有余力发展文创产品。图书馆走向市场化运营需要不断的尝试，更需要制度保障。图书馆可以在政策允许的情况下通过社会渠道进行融资，实现图书馆转型发展，有利于图书馆增加资金来源并开展新业务。图书馆的转型发展需要进行大胆尝试，通过和企业的合作拓宽市场。

二、规避知识产权风险问题

1. 强化知识产权授权

图书馆文创产品的基础是文化资源，文化资源的产权问题就成了产品开发中要注重的问题。图书馆可以将文化资源以图像或者影像的形式提供给授权的合作企业，对知识产权进行保护，用于创作文创产品的文化资源通常是历史性资源，已经超出了知识产权的时间界限，因此节省了知识产权的购买成本。图书馆将这类历史性资源制作成高质量数字化产品的同时也形成了摄影著作权，因此可以将其应用于文创产品开发。

艺术授权通常是通过合同形式实现的，将艺术品的著作权作为一种无形文化资产，授权给开发企业在特定的时间段和地域范围内使用。授权者可以从中获得经济利益。通过授权的形式可以让艺术品走向更广阔的市场，被广大消费者所熟知。图书馆通过授权可以将多种形式的文化资源开发成文创产品，消费者可以享受到种类丰富的文化产品形式。在授权过程中要注意产权的保护，在符合法律规定的范围内执行。这要求图书馆在进行授权之前对合作企业有充分的了解，以确保在文创产品的开发过程中不会产生授权滥用和超出授权的开发行为。总之，图书馆可以通过知识产权授权的形式推广文创产品，同时授权要避免风险问题。因此要考察合作企业，要规制授权过程中的开发行为，需要图书馆在各类规章制度下严格执行。

2. 构建知识产权保护体系

（1）政府层面

针对文创产品开发中的知识产权问题，政府要起到主要的保护责任。政府应该从法律方面健全法律法规，提升对知识产权的保障水平，创造安全有效的制度环境。针对不同类型文创产品的特点，形成针对知识产权问题的解决机制，以及法律制度下的纠纷解决途径。政府需发挥行政引导职能，有效解决知识产权纠纷问题。这需要政府建立一套完整的、有针对性的惩罚赔偿体系，对各种类型的侵权和纠纷事件都能做到有制度可依。同时，政府对文创产品的质量和文化品质应建立相关的检验制度，多方面、多角度地对文创产品的质量开展知识产权保护。另外，可借鉴发达国家的经验，在图书馆下设立版权管理办公室，要全权负责版权纠纷案件、专利申请、版权核对等工作，并协助政府部门处理专利版权事务。

（2）图书馆层面

图书馆方面也要时刻关注市场动态，及时发现相关的知识产权侵权行为。同时，要关注知识产权相关法律制度的发展情况，及时跟进政策方向。虽然国家已经出台相关知识保护法律法规，图书馆在进行文创产品开发时可以做到有法律依据，在签订相关的授权合同时,还是要注意审查合同条款,但仍鼓励有条件的图书馆内部设立自己的法律部门,对文创合同进行严格审查,逐步形成一套文创合同审查工作流程。图书馆设立自己的法律部门可以有效保障文创产品的知识产权和图书馆的经济利益不受到损害。

3. 加大对知识产权保护意识的培育

加强文创市场上的知识产权管理,最重要的方式是提高自身的防范意识和知识产权保护意识。文创产品在开发过程中要加强知识产权的保护,这样才能有效地防范盗版和假冒现象,保障文创产品设计开发的积极性,加强知识产权意识应从下列方面入手:

(1) 政府宣传与推广知识产权

政府和相关的职能机构应承担起知识产权的宣传工作,将市场上侵犯知识产权的案例和应承担的后果通过活动和媒体形式进行宣传,使保护知识产权的意识深入人心,从意识源头上防范知识产权问题的产生。除了宣传和增强知识产权意识职能外,相关的行政部门也应该担负起监督职能,从监管方面发挥作用。政府起主导作用,从法律体系方面健全制度,民众从自身意识角度进行提升,共同创造一个文创产品安全发展的社会环境。

(2) 提高图书馆及其合作公司知识产权保护意识

首先,图书馆和合作企业都必须对知识产权有正确的认知,充分了解知识产权侵权的后果和危害,认识到保护知识产权的重要性。其次,要明确应该采用什么方式来保护知识产权不会受到伤害。图书馆要充分了解相关知识产权保护法律制度和条例,察觉市场上有侵权行为时,及时运用法律武器解决。

(3) 注重用户的知识产权保护意识教育培训

图书馆可以开展多种形式的宣传活动,来提高消费者的产权保护意识。可以通过组织活动和知识竞赛等活动,调动用户的学习积极性。另外,还可以通过网络渠道线上推送知识产权保护信息,提高用户的知识产权保护知识储备。用户在利用图书馆的文创产品时能做到遵守知识产权的规定,保护图书馆文创业务发展的积极性。

（4）强化馆员、创意设计师、经营管理人员知识产权保护意识

每一项文创产品开发都包含了各部门工作人员的辛勤努力，文创产品不仅是文化资源的传承，而且也是各位工作人员智慧的结晶。因此，要充分提高工作人员的知识产权保护意识，以避免造成图书馆资源和劳动成果的浪费。

第八章 公共图书馆文旅融合发展创新研究

第一节 我国公共图书馆文旅融合服务取得的成就

一、保证公益性前提，构建以公共图书馆为中心的商业生态链

图书馆属于公共资源，公益性主要体现在图书馆倡导每个人都有受教育的平等机会，社会有义务确保每个人都能有机会得到平等的阅读资源，公共图书馆的存在为实现这个目标提供了重要的理论意义和现实意义。被称为"有史以来最温暖的图书馆"的杭州图书馆一直践行着图书馆的公益性特征，全天免费向流浪者和大街上的拾荒者开放资源通道。不分男女老幼、不分工作性质，免费向社会人群开放，一直是杭州图书馆秉持的原则，也正是因为这一举措，使得杭州图书馆被世人所认可，成为一家名副其实的网红图书馆。从此以后各个地方的图书馆都开始向杭州图书馆学习，纷纷出台政策，向流浪者和拾荒者开放资源。这从根本上体现了公共图书馆公益性理念的标准和要求。此外，图书馆还承担着形成社会全民阅读风尚，引导全民阅读氛围的重要责任，所有的一切都体现着图书馆的公益性理念。

二、保证基本服务完善，呈现公共图书馆所具有的文化魅力

社会群体对传统图书馆的印象大多是书籍陈旧、资源稀少，但是随着图书馆的不断发展，实际情况却是图书馆每年都有大量的书籍更新，学习资源丰富，种类繁多，覆盖面全，比传统商业书店所提供的阅读服务更多更全面。现在的年轻人都喜欢去商

业书店买书或者寻找学习资源，不愿意去图书馆，这其中最主要的原因就是书店比较现代化，往往更符合现在年轻人的观念，尤其是现在出现了一些网红书店，这本身就比传统图书馆更加吸引年轻人，目前各个地方的图书馆已经意识到年轻群体的庞大，开始积极地对图书馆的内部设置和形象进行改造，在保证图书馆基本功能框架的前提下，打造能够吸引年轻人的阅读空间，不断提高阅读者的舒适度。同时，为了给年轻人留下更好的印象，很多图书馆都推出特色服务。比如，甘肃金用区图书馆运用3D和VR技术布置科技体验区，可供研学的中小学生体验最新技术。

三、保证地方旅游发展，使公共图书馆切入地方特色文化

一些地区的公共图书馆加快了对地方文献的整合，促进了地方旅游业的不断发展。云南腾冲和顺图书馆始建于19世纪20年代，藏书7万余册，有很多现存极少的名人字画藏于馆内，这间图书馆虽然位于乡下，但是有很多游客慕名而来，图书馆已经成为小有名气的网红打卡地点和著名文化景点。该图书馆外形采用中西合璧的建筑手法，由于历史久远，拥有一种沧桑的历史感，游客们到来以后，纷纷表示能在这个图书馆里感受到当地的特殊文化，游客在这里不仅能够观光游览，而且还能在图书馆里开展阅读活动。当地的群众也积极向游客展览当地的文化，宣传当地的特色和风俗，这给许多慕名而来的游客留下了深刻的印象。因为这间图书馆提供了非常优良的阅读服务，所以吸引了更多的人前来旅游，更进一步地促进了当地旅游业的发展。

第二节　我国公共图书馆文旅融合服务发展策略

一、图书馆深度联合数字技术，创新技术融合

（一）图书馆打造成智慧学习环境

随着科技的不断发展，我国的科技水平飞速进步，数字技术得到了跨越式的发展，其中包含大数据技术、人工智能技术、虚拟现实技术、增强现实技术等，很多人都听

说过这些含有科技感的名词，但是也仅仅停留在听说和了解层面，很少有人使用过这些技术。当我们试图将这些技术与图书馆的建设进行联合，就会促进图书馆有更多新的发展。在以前，图书馆主要的职能就是储存书籍，是学习者的聚集地，人人都可以来到图书馆学习知识，但是随着科技与图书馆的合并，在赋予科技意义之后，图书馆就成了含有高科技的地方。文化与先进科技相结合能够起到更加吸引人的效果，在我国2019年的图书馆年会上，来自全国各地的图书馆馆长以及图书馆管理人员共同分享了数字技术在图书馆使用方面的看法，其中有学者提到可以将5G技术应用到图书馆使用当中，如超清直播、智念书房、精准推送等。我们有理由相信，基于数字科技的图书馆应用，通过现代科技能够更好地实现线上线下深度融合，将传统的纸质阅读转化为线上阅读，从而不断地促进阅读环境的改变和发展。

（二）创新技术融合，图书馆文化结合尖端技术

随着科技的不断发展，数字技术对传统文化传播的路径产生了深远的影响。基于数字技术的深刻变革，数字技术从各个方面都在潜移默化地改变着传统文化的发展。经过全民调查结果显示，社会群体普遍愿意通过电子方式进行阅读，很多人反映通过数字技术进行阅读，能够节省大量时间，提升阅读便利性。网络技术也能够在第一时间将正在发生的新闻传送到家家户户，图书馆已经不再像以前那样，是传统的学习的最大传播点。虽然图书馆在不断地提升自己的服务水平，而且提供的服务是免费的，但是人们普遍愿意使用更加便利性的阅读方式来提升自己，比如说在家里通过看手机或者看电脑来了解新闻。面对这样的情况，图书馆必须正视现实，不断寻求将数字技术与图书馆进行结合创新，不断促进图书馆的信息化和智能化。先进的数字技术能够让图书馆从单一的阅读场景变成多项技术使用场景，不断增加社会对图书馆的认识度，也能不断地丰富图书馆对社会群众的吸引力，只有这样，社会群体和社会民众才能更愿意放下手机加入图书馆阅读的行列当中。

二、图书馆应积极推广宣传文旅融合服务

（一）重视社会形象，强调图书馆提供公共文化服务

图书馆要想进一步地扩大自己的影响，加强对外宣传是非常重要的一点。在当今社会，人们的阅读方式受到了互联网的深刻影响，互联网提供的快速获取知识的途径给大众留下了深刻的印象。人们普遍认为，网上什么东西都可以看到，但是人们在使用的过程当中，有时候也会发现网络上很多的内容不是免费的，而是需要付费的。众所周知，公共文化服务的根本就是免费服务于大众，政府有能力也有责任不断促进社会成员文化的发展，图书馆更应该向社会群体提供免费的文化阅读环境和文化服务产品。现实情况是图书馆确实是在免费地向大众传播文化，但是传播文化的力度不够，图书馆应加强对外宣传，更进一步提升自己的社会形象，承担更多的社会责任，只有这样才能更好地向大众提供文化服务。

图书馆应不断进行正面的、积极的、向上的宣传，能够极大地提高图书馆在民众心中的形象。图书馆要基于提供免费文化服务的基础，向大家传播走进图书馆学习的好处，只有图书馆有了更多的学习者，才能够很好地将图书馆的优点宣传出去。

（二）图书馆加强宣传推广文旅融合服务

各个地方的图书馆，在基于自身实际的前提下，要想实施不同的文旅融合服务，就要不断创新探索更多新的服务形式，这些形式会造就不同的服务模式，该模式可能适合当地发展，但是放到全国范围内可能会缺少知名度，因此各地的图书馆应该立足自身发展，不断加强自身的宣传，积极主动地将文化加入当地的旅游产业当中，向前来旅游的游客提供新式的旅游体验。目前，从各地的图书馆的文化融合情况来看，比较成功的就是天津滨海新区图书馆。该图书馆立足于自身结合当地的旅游特色，散发出了非常强烈的美学气息，不断吸引游客前去参观游览，图书馆独特的造型，也吸引了不少游客，这些都是在足够宣传的前提下实现的。

三、图书馆吸引民众参与活动，引导市场融合

（一）派发奖励的方式吸引民众参与活动

利用互联网软件吸引游客的一个重要方法是在活动期间派发奖励，如网易图书根据阅读时间给予读者积分奖励，这些积分可以用来购买电子书。图书馆应积极与读者和活动参与者建立社区互动。读者和参与者都有相同的兴趣和爱好，图书馆建立社区可以使有共同兴趣的人能够产生相互认同感。图书馆馆员积极与社区中的人们交流，询问他们对图书馆的活动的意见，或者倾听人们希望参与的活动的要求，通过沟通和引导，可以增强人们对图书馆活动的认可度，激发人们的积极性。

（二）图书馆以文旅市场融合为导向

市场融合的标志是提供差异化的产品以获取市场需求，而产品和技术的融合，更多的是新的市场需求。目前，地方图书馆推出的文化旅游一体化服务还处于产品的整合阶段。在文化产业与旅游产业的融合中，有突出的表现是地方博物馆，它与旅游产业有着密切的联系，博物馆是游客大多选择的旅游景点之一，博物馆也是公共文化服务体系的重要组成部分。公共文化服务向公众免费开放，包括各种历史文物和文化自然遗产的展览。博物馆实现了文化与旅游市场的融合。图书馆可以借鉴博物馆整合文化和旅游市场的经验，借鉴博物馆吸引游客的方式，如提供独特的公共文化服务，开展内涵深厚的公共文化活动等。

四、图书馆打造文化旅游IP，突破产品融合

（一）文化旅游IP带来全新的旅游体验和文化消费体验

在近30年的文化和旅游业的突破式发展过程当中，文化业和旅游业都处在上升阶段，传统的文化和旅游业以观光和旅游为主，主要方式就是到某个地方去参观游览，在游览地点留下照片就是所谓的旅游，人们早已经熟悉，也厌倦了这样的旅游方式，随着游客的个性不断发展，游客对旅游的体验也提出了更高的要求，游客已经不再推崇传统的走马观花式的旅游，更强调的是情感的共鸣。近年来，一个普遍的现象就是

游客不再满足于对风景的喜爱，而是热衷于挖掘该景点背后的故事，如旅游地点过去发生过什么，历史上有什么值得铭记的地方。基于这样的大背景下，文化旅游 IP 就显得更加重要。比如，迪士尼公司每年都会出不同的电影动画，通过对动画片主角形象的刻画，来不断扩大迪士尼乐园的影响力和认知度。但是在每个人的心中，再有吸引力的电影和游戏都比不上实体迪士尼乐园所带来的情感体验，人们愿意为了到迪士尼乐园去玩而放下手机，因此文化旅游 IP 能够结合自身特色产生更多的衍生品，为文化消费者和旅游者带来全新的体验。

（二）图书馆要积极打造文化旅游 IP，突破产品融合

当前，在我国旅游景区的发展过程当中很少会持续地对 IP 进行打造，缺少旅游 IP 就会降低旅游景区对游客的吸引力，互联网的发展使得传统的商业模式很难再有新的突破，图书馆要不断地顺应时代发展的潮流，积极打造文化旅游 IP，不断推进旅游服务，将旅游业和旅游服务结合起来，不断突破新的服务理念，图书馆在打造文化旅游 IP 时，要有特色性故事件和当地的文化属性，不断地突破产品的融合。文化旅游 IP 要有以下几个关键要素：创新、营销、粉丝互动、自媒体和产出品，图书馆要不断地通过创新方式来促进营销的发展，从而创造出更高的市场认可度，图书馆要努力在宣传推广上拥有更多的话语权，占据更重要的位置，只有拥有更多的话语权，才能更好地向外宣传，才能让更多的民众认识和了解到图书馆的魅力所在，才能真正做到服务于全民阅读。

第三节　对公共图书馆文旅深度融合的思考

文化旅游业蓬勃发展，而文化与旅游、文学的结合更加紧密。在文化与旅游齐头并进的今天，发展文化旅游已成为旅游业可持续发展的一大趋势。推动公共图书馆将文化旅游纳入主流，是近年来主管部门提出的思路之一，即以旅游为专业，促进文学文化的传播。笔者对公共图书馆文旅深度融合提出以下几点思考。

一、公共图书馆文旅深度融合需拓展思路、转变观念

（一）建立文旅深度融合的新思维、新理念

把图书馆的文献进行整合对我国文化旅游业的发展具有指导意义。当前，文化与旅游相关部门需要融入深度融合的理念，探索文化与旅游的规律和逻辑，为文化和旅游的深度融合做出贡献，促进旅游业新的发展。文化与旅游业的融合是旅游业发展动力的关键因素，文化产业的扩张有利于满足新时期对文化艺术的需求。公共图书馆应树立新的、整合良好的理念为完善整个区域做出贡献。

（二）建立文旅黏度融合新机制

目前文化与旅游的深度融合并不完善，管理和控制体系还不健全。为了更好地促进两者之间的系统发展，政府要积极出台政策，科学推动两者的深度融合，以国家的相关法规为基础，结合地方特色，探索出具有地方特色的服务方式，切实将文化和旅游结合落实到实际发展过程当中。比如，天津的滨海新区图书馆，就是一个比较成功的文旅融合案例，该图书馆服务内容广泛，不仅涉及旅游休闲和阅读，而且还为未来文旅融合发展提供了借鉴思路。

（三）积极探索文旅深度融合的新模式、新道路

图书馆作为文旅深度融合发展的重要一环，图书馆所承担的任务已经不仅仅是阅读功能的场所，图书馆的职能和服务范围越来越广泛，覆盖的文化范畴更加宽广，随着社会主义现代化建设的不断进行，人们的衣食住行都离不开文化的影响。公共图书馆作为传播文化的主要载体，更应该积极发挥引领作用，积极以文旅融合为背景，探索着一条符合发展的新思路，不断为群众提供更好的服务。

二、公共图书馆顺应文旅深度融合发展的举措

（一）公共图书馆进驻景区

鉴于人类物质生活条件的日益改善，目前精神文化水平的上升是不够的。旅游业也面临着新的挑战，因为它不仅注重旅游项目所能提供的特殊体验，而且也注重其特

有文化符号。旅游区公共图书馆的存在，有助于实现文旅融合的理念和要求，促进文旅融合的建设和发展。旅游区公共图书馆不仅要完善基础设施，还要融入当地文化特色，更深入地融入当地文化，赋予特有的内涵，同时还要营造具有精神认同的地方文化景观。公共图书馆有助于保存和传播世界各地的文学和文化，为了展现出这些地区最具吸引力和最具体的地方特征，引导游客充分体验当地文化。可以在风景区设立公共图书馆，通过展示当地文化和公共图书馆提供的服务，赋予了该地区人性化的内涵，在很大程度上为打造成功的环境创造了空间。

（二）构建公共图书馆研学旅游品牌

旅游教学是一种集学习、研究、实验、交流于一体的新型教育模式，它是在我们现代教育模式的框架内，与旅游业紧密相连的一种创新教育形式。在文化与旅游日益相互依存的背景下，研究旅游为可持续发展提供了新的动力。如今，图书馆不仅为读者提供丰富的阅读服务，而且还通过定期组织读者参加文化活动或在户外组织节日夏令营等方式，为读者提供获取文化知识的机会。公共图书馆可以根据自身特点，与旅游、景观等领域合作，开展多种形式的阅览活动，扩大读者群。

（三）利用新方法和新技术发掘地理文化

公共图书馆可以利用新的方法和技术开发自己的地理资源，建设地方文化瑰宝。一方面，公共图书馆应利用当地特有的知识，对具有身份标志、复原遗址等的阅览室进行综合规划和建设，使当地的物质文化遗产和非物质文化遗产以新的方式呈现出来；另一方面，相关责任人应推动文学课程融入公共图书馆，利用数字技术促进文化旅游和旅游业的创新，促进对地理文化的挖掘和整个文化部门的快速发展。

公共图书馆要推行知识群体融合的新范式，以创新的数字技术为文学深度融合的重要突破口，以"互联网+"模式推动文化、旅游、数字技术的融合。公共图书馆需要注重的探索和分析地方文化要素，注重创新工作方法，通过将文学与数字技术联系起来，为人们提供多样化的文化体验。

公共图书馆必须能够开发优秀的传统文化和优质的旅游资源，紧跟时代潮流，发掘最佳的文化和旅游根源，将文化融入旅游，丰富当地景点的精神内涵，增强民族文化的特质。公共图书馆作为一种文化传播方式,必须加快转型、发展,积极树立权威、服务、发展的理念。文化旅游的发展对资源发展的意义重大,文化与旅游深度融合,能够使人们对美好生活的多样化需求日益得到满足,增加了社会经济和文化价值。

参考文献

[1] 应珂,洪怡琳,张彦,等.图书馆 IP 建设赋能文旅融合发展的路径选择 [J].农业图书情报学报,2023, 35(3):81-89.

[2] 罗丹.文旅融合背景下图书馆服务创新的"扬州经验":以扬州市城市书房为例 [J].漫旅,2022(14):113-115.

[3] 鄢莹.公共图书馆文旅融合的典型实践与分析 [J].图书与情报,2019(1):4.

[4] 冯继强,徐勇敏.5G+ 智慧文旅:图书馆文旅融合发展的新模式 [J].图书与情报,2020(4):5.

[5] 王辉.文旅融合图书馆创新发展探析:以滨海新区图书馆为例 [J].图书馆工作与研究,2019(S01):3.

[6] 王世伟.关于公共图书馆文旅深度融合的思考 [J].图书馆,2019(2):6.

[7] 张泽群.文旅融合背景下公共文化场馆发展路径研究 [D].山东大学,2023-08-31.

[8] 袁月.后现代视域下公共图书馆与政府关系研究 [D].黑龙江大学,2023-08-31.

[9] 魏光萍.我国公共图书馆文旅融合服务项目调查与研究 [D].安徽大学 2023-08-31.

[10] 刘艳灵.公共图书馆文旅融合发展:实践,困境,策略:以 C 市为例 [D].西南政法大学,2021.

[11] 张纳新.文旅融合背景下公共图书馆少儿阅读推广策略研究 [J].图书馆工作与研究,2020(8):6.

[12] 刘军,林英.文化自信视域下公共图书馆文旅融合发展研究 [J].图书馆工作与研究,2021(5):6.

[13] 王丽,熊伯坚.文旅融合背景下公共图书馆微展览精准服务模式构想 [J].图书

馆研究 , 2020, 50(1):6.

[14] 王自洋 , 陈一诗 , 肖雨滋 . 文旅融合背景下我国公共图书馆特色资源建设与利用策略研究 [J]. 图书馆 , 2021(6):7.

[15] 徐益波 , 毛婕 , 丁若时 . 文旅融合背景下主题图书馆建设研究：以宁波图书馆实践为例 [J]. 图书馆学研究 , 2023(1):6.

[16] 胡永辉 . 文旅融合背景下公共图书馆总分馆服务创新研究 [J]. 图书馆 , 2021(3):7.

[17] 王颖 . 文旅融合时代下的公共图书馆发展思考与研究 [J]. 河南图书馆学刊 , 2022, 42(2):43-45.

[18] 纪理想 , 陈铭 , 赵馨平 . 文旅融合背景下公共图书馆文创产品 IP 构建研究 [J]. 图书馆工作与研究 , 2023(3):8.

[19] 李娇 . 融媒体环境下公共图书馆文旅融合度的评价指标体系构建研究 [J]. 情报科学 , 2023, 41(2):9.

[20] 王雪超 , 姚雪梅 . 文旅融合背景下主题图书馆建设策略研究 [J]. 图书馆 , 2022(10):78-83.

[21] 盛兴军 , 张璐 . 文旅融合背景下公共图书馆地方文献资源宣传推广研究：以浙江省地级市图书馆为例 [J]. 图书馆学研究 , 2020(5):6.

[22] 苏彤 . 公共图书馆文旅融合实践与模式研究 [J]. 经济与社会发展研究 , 2020(13):1.

[23] 刘莹莹 , 李桂华 . 文旅融合背景下公共图书馆服务创新路径研究 [J]. 图书情报工作 , 2022, 66(8):84-91.

[24] 张婕 , 孙雨 . 文旅融合背景下公共图书馆红色研学旅行服务研究 [J]. 内蒙古科技与经济 , 2020, (19):110-112+116.

[25] 李海燕 . 文旅融合下的公共图书馆服务创新路径研究 [J]. 河南图书馆学刊 , 2023, 43(4):49-51.

[26] 周芸熠 , 张磊 , 董群 . 文旅融合时代下的公共图书馆发展研究与思考 [J]. 图书

馆学研究, 2020(2):8.

[27] 金龙. 文旅融合背景下公共图书馆研学旅游服务创新策略[J]. 图书馆工作与研究, 2019(5):6.